ANA MARIA MACHADO

Esta força estranha

Trajetória de uma autora

Prêmio Jabuti
Melhor livro

7ª edição
2021

ANA MARIA MACHADO

Esta força estranha

Esta força estranha
© Ana Maria Machado, 1996

Presidência	Mário Ghio Júnior
Direção de Operações	Alvaro Claudino dos Santos Junior
Direção Editorial	Daniela Lima Villela Segura
Gerência Editorial e de Negócios	Carolina Tresolavy
Coordenação Editorial	Laura Vecchioli
Revisão	Hires Héglan e Luisa Marcelino
Projeto gráfico e diagramação	Nathalia Laia
Iconografia	Claudia Bertolazzi (coord.) e Fernanda Crevin (tratamento de imagens)
Fotos	Arquivo pessoal da autora
Ilustrações	Shutterstock

Dados Internacionais de Catalogação na Publicação (CIP)

Machado, Ana Maria, 1941-
    Esta força estranha : trajetória de uma autora / Ana Maria Machado.
– 7. ed. – São Paulo : Atual Editora, 2021.
    80 p.

Prêmio Jabuti – Melhor livro juvenil
ISBN 978-65-5739-003-0

    1. Escritoras brasileiras - Biografia 2. Machado, Ana Maria, 1941-- Biografia I. Título
    III. Título. IV. Série

21-3406   CDD-928.6981

Angélica Ilacqua - Bibliotecária - CRB-8/7057

CL: 525634
CAE: 760503

2021
7ª edição
1ª tiragem
Impressão e acabamento: Gráfica Eskenazi

Direitos desta edição cedidos à Somos Sistemas de Ensino S.A.
Av. Paulista, 901, Bela Vista – São Paulo – SP
CEP 01310-200 | Tel.: (0xx11) 4003-3061
Conheça o nosso portal de literatura Coletivo Leitor:
www.coletivoleitor.com.br

Prefácio

De vez em quando, o esperado acontece: o escritor escreve um livro, o editor publica, os alunos leem. O inesperado, às vezes, também costuma acontecer: o professor convida o autor para ir à escola conversar com os alunos.

A partir de 1977, quando publiquei meu primeiro livro, tenho vivido alguns momentos esperados (escrevo pouco, culpa da lentidão e preguiça) e inúmeros inesperados. Nestes, sempre tem me emocionado o interesse do leitor pelos caminhos do autor. Pelos segredos daquele livro, ali, ao alcance da mão, pronto para ser autografado, e de todos os outros, anteriores e futuros. Sobretudo os futuros.

Nos livros da coleção *Passando a Limpo*, cada autor vai tentar conversar com o leitor como se estivesse na sala de aula, num daqueles encontros inesperados, ou na sala da casa de um deles, mais inesperado ainda.

Cada autor vai tentar se lembrar dos sonhos passados, dos planos, dos trabalhos. E imaginar os futuros.

Vai tentar não só responder às possíveis perguntas do leitor, mas também – e principalmente – perguntar.

Pois os livros são perguntas, mais que respostas. Indagações, questionamentos.

Em *Esta força estranha – trajetória de uma autora*, Ana Maria Machado, escritora, jornalista e tradutora, pergunta mais que responde. Indaga, questiona. Capítulo após capítulo, parágrafo após parágrafo.

Tenho certeza de que o leitor, no burburinho da sala de aula, ou no aconchego de sua casa, haverá de comemorar a inesperada descoberta dos segredos e mistérios da autora-personagem. Alguns deles, apenas, pois os outros, ciosa, ela guarda para os livros futuros. A sete chaves.

P.S.: Quando sugeri a Henrique Félix, então editor da Atual, esta série de depoimentos, ficamos com uma pergunta: qual seria o seu nome?

A resposta veio de um dos momentos inspirados de Fanny Abramovich, autora de tantos livros.

Saímos ganhando: além do título bonito e oportuno, tornamos a aprender que pensar junto vale a pena, sempre.

Vivina de Assis Viana

Coordenadora da coleção

Sumário

Ora, direis, ouvir histórias	**11**
Primeiras histórias	**23**
Felicidade clandestina	**35**
A palavra escrita	**47**
A palavra chama	**59**
Como uma onda no mar	**71**
Outras obras da autora	**87**

*Por isso uma força
me leva a cantar.
Por isso essa força estranha...
Por isso é que eu canto,
não posso parar,
por isso esta voz,
esta voz tamanha...*

(*Força estranha*, Caetano Veloso.)

Com vovó Neném e meus irmãos, em 1950.

Ora, direis, ouvir histórias...

Quando era criança
Vivi, sem saber,
Só para hoje ter
Aquela lembrança.

É hoje que sinto
Aquilo que fui.
Minha vida flui,

Feita do que minto.
Mas nesta prisão,
Livro único, leio
O sorriso alheio
De quem fui então.

(Fernando Pessoa.)

Música pra mim era parte do mundo natural – soprava e passava. Como a brisa ou o barulho das ondas que me embalavam na casa de praia. Pura natureza, som de grilo na noite, manhã de passarada, voz de minha mãe ou de meu pai pelos cantos da casa. Hoje eu sei que tenho que me ligar a uma tecnologia para ouvir Mozart, Tom Jobim ou Miles Davis ou tenho que sair de casa para ir a um *show* do Chico ou a um concerto da Sinfônica. Sou consciente dos séculos de herança cultural implícita até mesmo na música que acompanha meu quotidiano enquanto ouço o violão do Lourenço, ou quando ele e os amigos se reúnem em nossa casa em Manguinhos para ensaiar e preparar um novo disco ou *show*. Vivo imersa em música, como no ar. Mas sei que, se o ar é feito diretamente por Deus (ou seja lá que nome se dê ao princípio cósmico da criação), para a música

Ele precisou de ajuda e teve que recorrer a um instrumento imperfeito – os homens.

Poderia dizer o mesmo dos quadros. Para mim, não havia muita diferença entre uma pintura emoldurada e a paisagem que eu via da janela em criança, desde o alto do morro de Santa Tereza, com a baía de Guanabara lá embaixo, coalhada de ilhas e barquinhos, cercada de montanhas. Ou nas festas de São João, quando parecia que as janelas acesas da cidade viravam balões e subiam aos céus atrás das estrelas, como fagulhas de fogueira. Mais tarde encontrei isso na pintura de Guignard, na *Noite estrelada* de Van Gogh. Mas já conhecia, de pequena, ao vivo. Como reconheci nas marinhas de Pancetti e Turner os barcos que na minha infância habitavam as extensões de mar e areia nas quais eu brincava debaixo do imenso céu, cujas nuvens, às vezes, se amontoavam em castelos e torres ou se enfileiravam como carneirinhos ao sabor do vento.

A mesma coisa aconteceu com os livros. Havia muitos na minha casa. Mesmo antes de poder ler, eu sabia que eles guardavam histórias e coisas tão fascinantes que, diante de um livro aberto, meu pai e minha mãe ficavam totalmente absortos e a gente tinha que repetir o que estava perguntando, antes que eles conseguissem responder.

Muitas daquelas histórias eles me contavam, liam para mim, resumiam, mostrando os personagens e situações nas figuras. Mas eu não achava que livros fossem nada de especial, fora do normal ou assustador. Para mim, eram só caixas de guardar histórias, tão interessantes quanto todas as que me cercavam o tempo todo, sem precisar de livro para ninguém contar.

Todo mundo à minha volta gostava de falar e contar caso. Era só ouvir... E foi ouvindo que eu aprendi uma das histórias que mais me atraíam – e que pode muito bem ser por onde agora eu comece esta conversa: a história de minha família.

As grandes civilizações orientais, em sua sabedoria, têm no culto aos antepassados e no respeito aos ancestrais uma de suas pedras de toque. Para os romanos, esse culto se materializava no fogo sagrado que toda família devia manter aceso em casa, oferenda aos deuses lares – de onde vêm as palavras *lar* e *lareira*, sinônimos de aconchego familiar em casa gostosa. Índio faz questão de saber onde estão enterrados os crânios dos que o precederam. Ou seja, com tantos exemplos, não é de espantar que eu tivesse enorme curiosidade em saber tudo dos meus avós e bisavós, na tentativa inconsciente de responder à pergunta que há milênios os homens se fazem em todos os cantos da terra: de onde viemos?

Metade de mim é portuguesa. A metade paterna. Meu avô Rozendo, pai de papai, nasceu na aldeia de Souza, perto do Porto, no norte de Portugal. Era farmacêutico e veio para o Brasil já adulto, tentar a vida. Trouxe muito pouca coisa, além do caráter, do estudo e da vontade de trabalhar. E das histórias de uma aldeia de lavradores, com uma igreja de relógio na torre, próxima à casa em que vivia nossa gente, a "família dos marinheiros": uma casa entre laranjeiras na qual, em cima de uma grande mesa na cozinha, havia sempre um pão redondo feito em casa, de crosta crocante, com uma faca ao lado.

Das pouquíssimas coisas que restaram de sua infância, tenho comigo dois livros, gramáticas latinas em bela encadernação de couro, recheadas de caricaturas de professores, desenhos, e anotações feitas a lápis no século passado pelo menino Rozendo, ainda lá do outro lado do Atlântico.

Acabou se estabelecendo em Petrópolis, uma cidade encantadora, num lugar belíssimo, na serra junto ao Rio de Janeiro. Lá o imperador passava os verões, enquanto condes, princesas e marqueses andavam de charrete pelas ruas perfumadas de jasmim, ao longo de rios cruzados por pontes vermelhas de madeira e bordejados pelo azul das hortênsias.

Nesse cenário, meu avô se apaixonou por uma moça muito bonita, sem nenhum título de nobreza, mas de esmerada educação – que lhe permitia frequentar a corte sem fazer feio, sendo fluente em francês, sabendo tocar piano e pintar... Chamava-se Hormezinda e ia virar minha avó Neném, a quem eu em pequena examinava com atenção infantil sem nunca conseguir descobrir naquela mulher imponente e cheia de corpo, de presença marcante e personalidade dominadora, o mais leve vestígio de bebezinho que explicasse o apelido ou qualquer traço de moça bonita que justificasse a fama de beldade da corte.

Vovó Neném nascera em Petrópolis, mas era filha de portugueses. O pai dela, o velho Almeida, de cabeça e barba branquinhas quando o conheci, era o herói de uma das mais fascinantes de todas as histórias de minha infância. Viera para o Brasil aos nove anos, sozinho, no porão de um navio cheio de imigrantes, recomendado aos cuidados de um vizinho da aldeia, que o esperava no porto do Rio. Trabalhando de sol a sol, de domingo a domingo, ano após ano, acabou fornecedor de frutas e verduras para o imperador, além de dono da maior loja de ferragens do estado do Rio. Deu estudo de qualidade à filharada e construiu um patrimônio respeitável que o tempo e os descendentes se encarregaram de dilapidar.

Minha outra metade é brasileira da roça, até onde dá para se saber, em sucessivas gerações que lavraram, capinaram e plantaram a terra, entre bugres e caboclos no norte do Espírito Santo, ali por Nova Venécia e São Mateus.

Meu avô Ceciliano, pai de minha mãe, era filho de um peão que trabalhava na fazenda de um primo importante – o Barão dos Aimorés –, porém decadente e sem recursos, reduzido a botar a parentela para se esfalfar no eito ou no cultivo do café. Menino esperto e com notável talento matemático, o pequeno Ceciliano foi reconhecido por uma série de professores, que logo percebiam que o aluno aprendia tudo o que tinham para lhe transmitir. Sucessivamente encaminhado a um mestre mais capaz, foi da fazenda para São Mateus, de lá para Vitória, para Petrópolis e para o Rio, onde se formou em Engenharia, no Largo de São Francisco. Trabalhando para custear os estudos, dava aulas de aritmética, álgebra e trigonometria e varava as noites em jornais, como revisor.

A cada etapa de curso que terminava, mandava buscar na fazenda um irmão mais moço, para que estudasse também, com o compromisso de fazer o mesmo para ajudar o irmão seguinte. Tudo isso com imenso sacrifício. Formado, foi abrir estradas de ferro pelo Brasil afora. Viúvo muito cedo, e com três filhos, voltou de passagem à fazenda onde fora criado.

Lá encontrou Ritinha, uma morena de porte altivo e olhos bonitos, filha do Barão, prima distante que não via desde que a deixara, criança pequena, havia tantos anos. Casou com ela, moça simples da roça, que mal sabia ler, mas era exímia nas prendas domésticas e rurais: cozinhava, fazia doces como ninguém, conhecia todos os segredos de linguiças, queijos e conservas, entendia de plantas e bichos, dominava a arte da medicina caseira, bordava, costurava, fazia crochê, tricô e *frivolité*... Depois de casados, sempre um professor exigente e dedicado, ele se encarregou de completar a educação formal dela. Mas nem carecia. Vovó Ritinha era uma biblioteca oral. Ninguém sabia mais histórias do que ela, ninguém conhecia melhor toda a tradição que se transmitia de uma geração para outra pelo interior do Brasil desde que começamos a existir.

Além dessa mistura de pé na terra e trabalho imigrante, soldada por uma liga de valorização da educação e amor aos livros, sinto que também me ficou dessa geração um patrimônio feminino muito especial – os modelos de mulher que minhas avós foram e marcaram diretamente a meus pais e a mim. Gostaria de me deter um pouco nisso, porque é muito sutil a forma como me influenciaram, mas sei dentro de mim como foi poderosa. Cada uma à sua maneira, minhas duas avós foram mulheres muito independentes e de personalidade própria.

No caso de vovó Neném, isso era muito evidente. De gênio forte, como se dizia, ela não hesitava em brigar e gritar para defender seus pontos de vista. Era capaz de quebrar toda a louça ou os cristais da casa no calor de uma discussão e, quando não estava de acordo com algo, sempre se manifestava sem se deixar intimidar por qualquer adversário. Certa vez, discordando dos valores defendidos em um sermão na missa de domingo, passou a mão no telefone e, de padre em padre, conseguiu chegar ao Cardeal Dom Jaime Câmara com seu protesto justificado. Brandindo a ameaça de no domingo seguinte chamar a imprensa e ir com cartazes para a porta da igreja, logrou que Sua Eminência desse instruções expressas para que fosse feita a retificação desejada, em toda a extensão pleiteada – não apenas do alto do púlpito, mas por escrito, num folheto chamado *Encontro*, que se distribuía dominicalmente em todas as paróquias cariocas. Os detalhes da história são saborosos, mas dispersariam minha narrativa agora. Basta dizer que vovó Neném tinha toda razão. E nenhum medo de autoridade. Além disso, era inteligentíssima, com perfeita noção de estratégia. Maquiavélica, diriam dela se fosse um político.

Durante muitos anos, teve uma coluna num jornal de Petrópolis, sob o pseudônimo de Marutsa, onde defendia seus pontos de vista polêmicos e usava a palavra para ultrapassar as barreiras impostas à condição feminina na época. Se meu pai mais tarde foi ser jornalista e político, um grande orador e tribuno inspirado, cheio de argumentos, sei perfeitamente a quem saiu, em sua intimidade com a palavra e domínio verbal. Coisas de minha avó Neném, uma mulher claramente à frente de seu tempo. Já quem olhasse vovó Ritinha, jamais teria essa impressão e seria capaz de ver nela apenas uma mulher doce que fazia doces, uma dona de casa submissa e apagada. Ledo engano. Na maciota, conversava com meu avô e, em doses homeopáticas, ia inculcando nele os projetos futuros do casal e da família. Mais que isso, com sua enorme disposição para o trabalho, punha a mão na massa para fazer o que queria, sem depender dos outros.

Quando cismou de comprar uma terra na beira da praia em Manguinhos, como sabia que os parcos recursos de que dispunham jamais permitiriam uma ousadia dessa monta, levou um ano fazendo cocadas e pés de moleque que arrumava em imaculados caixotinhos forrados de papel de embrulho, com barra recortada no capricho, e mandava os filhos pequenos venderem na estação quando o trem chegava. De moeda em moeda, juntou o suficiente para iniciar na beira da praia o que virou nossa história familiar. O quintal da casinha de taipa, piso de terra batida e telhado de palha foi se estendendo, abrigando as casas dos filhos à medida que iam crescendo, e depois as dos netos, que hoje já levam seus netos para brincar na areia e tomar banho de mar em frente das árvores que ela plantou.

Com ela aprendi, entre tantas outras coisas, que quando uma mulher quer uma coisa não tem que pedir nada a ninguém: trabalha para ganhar o dinheiro e faz o que quer, do jeito que quer, sem ter que pedir licença nem prestar satisfação aos outros. Quer dizer, muito antes do discurso da mulher liberada, eu tive foi o exemplo da independência. Graças ao trabalho e ao estudo – como ela fez questão de que ocorresse com as filhas.

Minha mãe, filha dela, fez curso normal e era professora. Quis fazer faculdade de microbiologia, não havia no Espírito Santo, diplomou-se em farmácia. Foi trabalhar no serviço público, havia melhores chances para advogados, acabou fazendo também a faculdade de direito. E quando a melhor oportunidade surgia para quem prestasse concurso e fosse para o Rio de Janeiro, numa época em que moça de família não saía da casa paterna, ela teve todo o apoio familiar para seguir sua carreira onde fosse mais conveniente, indo morar sozinha num pensionato.

Tenho imenso orgulho dessa linhagem de mulheres que me precederam, enorme carinho por sua batalha silenciosa numa sociedade hostil a esse tipo de comportamento. De certo modo, me sinto como numa corrida de revezamento, em que me passaram um bastão que tenho que levar mais adiante e entregar a minha filha. Não posso virar moça cordata, boazinha e obediente, para não jogar fora o exemplo delas na lata de lixo do tempo.

Com essa família, não é de espantar que eu vivesse cercada de histórias e livros. Mas eles me chegavam de maneiras diferentes, seguindo a especialidade de cada um.

Vovô Rozendo contava histórias de Portugal que falavam de *miúdos* e *rebuçados*, em vez de *crianças* e *balas*. Transformava sua farmácia num lugar encantado, em que os vidros e potes tinham o que dizer, as inúmeras gavetinhas guardavam segredos e os rótulos e reclames (como se chamava a publicidade naquele tempo) eram povoados de histórias e personagens. Na caixa de Emulsão de Scott, um fortificante à base de óleo de fígado de bacalhau, um pescador curvado carregava nas costas um peixe imenso e servia de ponto de partida para incríveis histórias de pescaria, neblinas, perigos, navegações. Em uma figura num cartaz, duas mãos seguravam um lenço que tentava amordaçar um sujeito que berrava: "Larguem-me, deixe-me gritar! O Conhaque São João da Barra... " (não lembro o resto).

Havia o Dr. Ross, que tinha pílulas de vida (que depois, para mim, mudou de nome e virou o Dr. Caramujo, do Reino das Águas Claras). Um passarinho cantava no Emplastro Sabiá. Quatro mulheres, lado a lado, faziam um desfile de caretas para Lu-go-li-na. O sabonete Kanitz, com seu perfume de cravo, trazia líricas lembranças da aldeia distante e de tias e primas que eu não conhecia. Entre unguentos mágicos (como o Bálsamo Bengué e outros cremes negros e canforados guardados em potes), ervas para tisanas, vidrinhos coloridos com poções, e uma infinidade de cápsulas e drágeas feitas na hora após cuidadosas pesagens numa balancinha dourada, havia uma beberagem que salvava da morte e era tão famosa que até a celebravam pelo mundo afora, em versos nos bondes: "Veja ilustre passageiro / o belo tipo faceiro / que o senhor tem a seu lado. E no entanto, acredite, / quase morreu de bronquite. / Salvou-o o Rum Creosotado". Quem só conhece drogaria não pode imaginar o que era a farmácia do meu avô, com suas prateleiras de madeira até o teto, suas fieiras de gavetinhas, seus potes de louça cheios de ramagens e letras enfeitadas, seu espaço miraculoso, repleto de alívios, salvações e remédios para males. Mais que uma botica, era uma caverna mágica, um laboratório de alquimista e mago.

Nesse território, reinava soberano meu avô Rozendo, enquanto me presenteava com rebuçados de alcaçuz e narrativas encantatórias, temperadas com um humor muito peculiar. Tinha um fantástico acervo de provérbios que até hoje me acompanham (tipo "o olho do dono estruma o campo", ou "pião gabado vira carrapeta") e um repertório de fados mais fantástico ainda, herdado por meu pai, chorosas melodias que ouvi regularmente como cantiga de ninar, em contraponto às marchinhas carnavalescas que eram o domínio da minha mãe. Mas vovô Rozendo morreu quando eu tinha sete anos, e as lembranças dele são poucas e tênues.

Já com vovó Neném tive um longo convívio, às vezes algo amedrontado de minha parte, por causa das explosões dela. Mas era uma mulher fascinante. E se, a partir da minha adolescência, trocamos livros e leituras num diálogo sem fim (éramos ambas apaixonadas por Julien Sorel, de *O vermelho e o negro*), na minha infância as histórias que vinham dela eram mais teatrais que literárias. Ela não contava um texto, encenava um espetáculo. Tinha um lado festeiro de fazer inveja a qualquer produtor de eventos desses que hoje em dia ganham a vida profissionalmente com isso.

Semanas antes do aniversário de um neto, vovó Neném começava a fazer dúzias de fascinantes bonecos de retalhos, armados em torno a um corpo de arame. Todos diferentes, mas seguindo o mesmo tema para cada festa, enfeitavam o bolo e a mesa, eram distribuídos entre os convidados à saída da festa, e ainda sobrava uma quantidade que alimentava intermináveis brincadeiras pelos meses afora – palhaços divertidos, mosqueteiros de chapéu de penacho, índios, caubóis, bailarinas, baianas de colares de voltas, damas antigas de leque e peruca...

No almoço do Dia das Mães, vovó Neném promovia uma inacreditável empanturração familiar. Em junho, era nossa fornecedora de fogos, doces, chapéus e fantasias de caipira, rolhas queimadas para pintar bigodes e costeletas, lanternas japonesas de papel dobrável, fieiras de bandeirinhas coloridas. Às vésperas do carnaval, vovó surgia com duas malas cheias de máscaras, reco-recos, línguas de sogra, apitos, cornetinhas, estalinhos, sacos de confete, pacotes de serpentina... Na Semana da Pátria, lá vinha o verde e amarelo... Dia de Cosme e Damião era sinônimo de farta distribuição de balas e docinhos.

Mas entre todas as festas, uma era imbatível: passar a Páscoa em casa sua em Petrópolis era inigualável. De véspera, as crianças faziam ninhos enfeitados com flores, que amanheciam cheios de ovos de chocolate e ovos de galinha cozidos, pintados a mão com anilina das mais variadas cores (quando crescíamos, ajudávamos a fazer).

A mesa do café tinha chocolate quente e grosso para a gente beber, bolo de chocolate, coelhinhos de feltro feitos por vovó, enfeitando tudo... No almoço, geralmente tinha coelho. E algumas vezes fomos acordados cedinho por ela, para brincarmos com filhotes de coelhos soltos pela casa, brancos, cinzas ou malhados, os olhos vermelhos, o focinho tremelicando, o corpo quente e macio, as unhas compridas que arranhavam quem não tinha cuidado.

Só no Natal ela era discreta – nunca perdoou a mim e a mamãe por termos estragado a festa dela em 1941, quando eu resolvi nascer bem no dia 24, quase um mês antes da hora prevista. Recusou-se a aceitar o fato, só foi me visitar no meio de janeiro. E, a partir daí, não fez mais festa de Natal. Ia lá para casa cedinho no dia do meu aniversário e passava para minha mãe a responsabilidade de anfitriã: sentava-se na poltrona da sala como uma imperatriz num trono e queria ser servida em tudo, num dia daqueles! No máximo, em gesto de superior condescendência, dignava-se a fritar umas deliciosas rabanadas no final da tarde. Mas passava o dia como um barril de pólvora, prestes a explodir e estragar a festa de todo mundo.

O jeito de escapar era irmos passar o meu aniversário e Natal em Vitória, com os outros avós, coisa que adorávamos porque significava a antecipação oficial das férias de verão em Manguinhos.

Vovó Ritinha, vovô Ceciliano e os netos, em Maguinhos, 1953.

Primeiras histórias

*Eu sozinho menino entre mangueiras
lia a história de Robinson Crusoé,
comprida história que não acaba mais.*

*E eu não sabia que minha história
era mais bonita que a de Robinson Crusoé.*

(*Infância*, Carlos Drummond de Andrade.)

Verão e Manguinhos exigem um capítulo à parte. Sem eles eu não escreveria o que escrevo. Foram a principal fonte na qual me alimentei de histórias e do prazer de ler pela vida afora.

Sempre que podíamos, nos reuníamos em casa de meus avós maternos, em Vitória, para o Natal – que nunca, em hipótese alguma, dispensava entre os presentes alguns livros e o *Almanaque do Tico-Tico*, com as aventuras de Chiquinho, Benjamin e Jagunço ou de Zé Macaco e Faustina, além dos meus preferidos, Reco-Reco, Boião e Azeitona. E, logo depois (com sorte, até mesmo antes do Natal), nós todos íamos para Manguinhos, uma praia selvagem e quase deserta num povoado de pescadores, a trinta quilômetros ao norte da capital. *Nós* éramos os filhos deles e as respectivas famílias. Os filhos de meus avós eram sete. Os netos, inúmeros. Minha mãe teve nove filhos. O irmão dela, que foi morar em Governador Valadares, teve catorze. Outro, que casou com uma gaúcha e se mudou para o Rio Grande do Sul, teve sete. E assim por diante.

No verão, quem podia, vinha. Primeiro, a Vitória, para a casa onde moravam meus avós. Depois, um belo dia, aparecia um caminhão fretado para nos buscar, que ninguém tinha carro... Na boleia, ao lado do Geraldo, o motorista, iam vovó Ritinha e as grávidas daquele ano, com os caçulas no colo. Na carroceria, em cima de colchões, trouxas, malas, móveis, sacos de mantimentos, caixotes de livros e capoeiras cheias de galinhas e patos, encarapitavam-se os homens e as crianças. Lá ficávamos dois meses, amontoados numa casa de quatro quartos e ampla varanda, com crianças se espalhando para dormir em esteiras e redes por todo canto. Tinha mar na porta, árvores no quintal, mata nos fundos, riozinho para pescar, carroça, animais, frutas. E um monte de livros, que ninguém dispensava levar uma boa provisão e era um troca-troca de dar gosto...

Só não tinha luz elétrica. Jantávamos cedo, à luz do dia. Depois, em volta de uma fogueirinha, ouvíamos e contávamos histórias. Em noites de luar, saíamos para caminhar na praia e fazíamos concursos de quem contava a história mais bonita. Cada adulto tinha sua especialidade. Vovô Ceciliano contava casos de verdade, lembranças riquíssimas de uma vida muito interessante e variada, das experiências em sala de aula, dos políticos que conheceu (foi prefeito de Vitória duas vezes), dos tempos em que abria estrada de ferro pelo meio da mata, conhecia índios, participava de caçadas... Vovó Ritinha contava maravilhosas histórias do folclore, recheadas de jabutis e macacos, de vigários, juízes e almas do outro mundo, povoadas por Pedros Malasartes e Joões Bobos. Tia Dilah tinha um interminável repertório de histórias de três irmãos que saíram pelo mundo em busca de aventuras. Tio Nelson vinha com a maior coleção que eu já ouvi de piadas escatológicas, e nos encabulava e fascinava com seus personagens que tinham bunda, que faziam cocô e xixi, numa época em que a gente nem podia dizer esses nomes na frente dos outros, sob pena de ganhar pimenta na boca. Tio Guilherme era folclorista, cantava congos, tangolomangos e romances tradicionais ibéricos, falando na Nau Catarineta ou em Juliana e no Senhor Dom Jorge. Tio Milton contava "causos" mineiros, tio Hilson tinha um senso de humor invulgar que me deixou a vida toda apaixonada por ele, tia Dinorah trazia as histórias dos índios e caboclos que eram seus alunos no grupo escolar à beira do rio Doce.

Quanto a meus pais, ancoravam em leituras suas histórias – que constituíam um ritual noturno cotidiano e não apenas no verão em Manguinhos. Mamãe tinha toda a coleção de contos de fadas de Andersen, Grimm e Perrault, tanto nos livrinhos da Biblioteca Infantil Melhoramentos (as ilustrações coloridas de *O patinho feio* e *Branca de Neve*, por exemplo, são nítidas em minha memória até hoje) como nos *Contos do Arco-da-Velha*, da *Carochinha*, da *Baratinha* e outros, coligidos por Frederico Pimentel para a Editora Quaresma. Acho que ela preparava de dia a lição, lendo os livros, porque de noite sempre lembrava tantos detalhes para contar nas histórias, eram tão variadas... E, às vezes, quando pedíamos para repetir uma favorita, deixava para o dia seguinte. Entre minhas prediletas, lembro *A bela e a fera*, *As quatro penas brancas*, *Pele de asno*, *A moura torta*... E umas maravilhosas, de bichinhos, que ela contava como ninguém, desde que eu era bem pequenina – *Dona Baratinha*, *A galinha ruiva*, *A galinha que criou um ratinho*, *Os três porquinhos*, *Os gatinhos levados*...

Papai também contava alguns desses contos tradicionais quando estava em Manguinhos – lembro perfeitamente de alguns que eram sempre contados por ele: *O gato de botas*, *O soldadinho de chumbo*, *Os seis companheiros*, *As roupas novas do rei*... Mas no Rio seu repertório era diferente e fascinante – com suas próprias palavras, mas mostrando as gravuras dos livros, ia me apresentando os clássicos: *As 1001 Noites* (principalmente *Ali Babá e os 40 ladrões, Simbad, o marujo, Aladim e a lâmpada maravilhosa*), *Gulliver em Liliput, Dom Quixote, Robinson Crusoé...* Em cima da sua mesa de trabalho, uma estatueta de bronze (que hoje mora no escritório do meu irmão) nos encantava, com Dom Quixote montado em Rocinante, seguido por Sancho no burrico.

Tudo o que eu queria era aprender logo a ler, para entrar naquele mundo. Acabei aprendendo muito cedo, com menos de cinco anos, mas não lembro como foi.

Eu estava no jardim de infância da Escola Machado de Assis, escola pública em Santa Teresa, no Rio. A professora se chamava dona Jurema. Lembro muito bem dela e da escola, incluindo o enorme pátio coberto onde tínhamos recreio quando chovia, e o vidro da claraboia no teto, por onde a gente via o céu quando brincava de roda e ficava deitada no chão, cantando "Carneirinho, carneirão", depois do pedacinho que dizia: "... para todos se deitar..."

Mas não lembro da alfabetização.

Lembro que para a festa de fim de ano, pouco antes de eu fazer cinco anos, Dona Jurema distribuiu um bilhete para a gente levar para os pais, e nele dizia a minha mãe que devia mandar papel crepom de alguma cor que eu não lembro, para fazerem minha fantasia de dália, porque o teatrinho ia ser sobre um jardim e eu fazia papel de flor. Eu li e não gostei, não queria aquela cor, queria amarela e reclamei. Ela levou um susto. Como é que eu sabia o que estava escrito? Ainda por cima, manuscrito... Recolheu o bilhete e mandou outro, convocando minha mãe para uma conversa no colégio.

Mamãe veio e levou outro susto. Também não sabia que eu estava lendo fluente. E ainda levou uma bronca da professora, porque não se devia puxar assim por uma criança, isso podia fazer mal no futuro, etc. Era o ano de 1946 e se acreditava nisso – Piaget e Emília Ferreiro ainda não tinham mostrado ao mundo como é frequente num ambiente letrado que uma criança descubra por si como se lê.

Mamãe jurou que não tinha culpa. As duas então me testaram e descobriram que eu lia tudo. Moral da história: fui premiada com a fantasia amarela, como eu queria. Em seguida, no meu aniversário de cinco anos, ganhei meu primeiro *Almanaque do Tico-Tico* e o livro fundador, que marcaria minha vida para sempre, *Reinações de Narizinho*.

Acho que, de início, meu pai e minha mãe deviam ler junto comigo um livrão daqueles, tão grosso... não lembro. Mas sei que conversávamos muito sobre a leitura, eu estava muito interessada em descobrir se em Manguinhos não haveria um jeito de entrar no Reino das Águas Claras e queria saber quem era Tom Mix... Eles me explicaram, me levaram para ver desenho do Gato Félix num cinema chamado Trianon, com um letreiro: "Sessão passatempo – o espetáculo começa quando você chega". E sei que, ao menos algumas partes, eu lia sozinha – não esqueço do livro, da sensação de pegar um pão quentinho e cheiroso, com manteiga derretendo, e ir deitar na rede ou sentar de través na poltrona, com o livro na mão, o coração batendo forte, assustada porque Dona Benta estava correndo perigo, sentada no pé do Pássaro Roca, pensando que era uma árvore...

Depois disso vieram outros livros – vários de origem alemã, como *Juca e Chico* (em tradução de Olavo Bilac, rimando a viúva Chaves" com "gostava de aves"), *Sinhaninha e Maricota*, o assustador *João Felpudo*, que me ameaçava de flagelos terríveis, caso eu não comesse tudo ou andasse distraída ("Chamavam-no Cheira-céu. / Andava de déu em déu /

e narizinho para o ar...", conforme os versinhos traduzidos por Guilherme de Almeida). E, como eu gostava de poemas, logo me ensinaram várias coisas para recitar. Por exemplo, textos de Bastos Tigre, que sei de cor até hoje e entre os quais faço questão de citar um:

A empada

Eu comi ontem no almoço
a azeitona de uma empada
depois botei o caroço
sobre a toalha engomada.
Mas a mamãe logo nota
e me ensina com carinho:
"O caroço não se bota
sobre a toalha, benzinho".
O que ela me diz eu ouço
sempre com toda atenção,
e perguntei: "O caroço,
mãe, onde boto então?"
"Toda pessoa de linha,
de educação e de trato,
o osso, o caroço, a espinha,
põe no cantinho do prato."
Eu depressa lhe respondo,
com respeitoso carinho:
"Mamãe, meu prato é redondo,
meu prato não tem cantinho".

(Palmas das visitas!!!)

Chamo a atenção da distinta plateia contemporânea para o fato de que, apesar de toda a intenção didática de inculcar boas maneiras nos pimpolhos e frisar que uma resposta à mãe deve ser dada "com respeitoso carinho", tratava-se de uma época em que as pessoas não se enchiam de falso moralismo e sabiam português: ninguém empobrecia a língua *colocando* caroço de azeitona em lugar nenhum, mas *botava* mesmo, e verbos como *botar*, *pôr* e *meter* não tinham virado palavrões a serem evitados a todo custo por zelosos guardiães de *colocações*.

De qualquer modo, minha atração pelos versinhos era tão grande, que logo aumentei o repertório com *Poesias infantis*, de Olavo Bilac, livro que adoraria reencontrar hoje. Principalmente para ver as ilustrações, já que os poemas em si, bem, não é para me gabar, não, mas sei quase tudo de cor e salteado, conforme já demonstrei diante de um perplexo auditório na Universidade de Bauru, em inesquecível dobradinha com Ruth Rocha, que recitou *Tertuliano*, de Artur de Azevedo.

Assim iniciada, em começo de 1948, nos mudamos para a Argentina, onde meu pai foi trabalhar. Lá morei dois anos, aprendi castelhano e tive acesso a um mercado editorial muito variado, cheio de livros infantis belíssimos, coloridos, de páginas recortadas e até com *pop-up* – tive uma inesquecível *Bela Adormecida* que se erguia do plano, no meio de um emaranhado de rosas e espinhos, sendo beijada por um príncipe enquanto um cavalo branco pastava ao lado. E uma *Cinderela* (que antes do filme do Disney só era chamada de Gata Borralheira), em que a transformação da abóbora em carruagem se fazia de uma página para a outra, saltando deslumbrante da folha impressa. Continuava lendo meus Lobatos em Buenos Aires e mais uma porção de outros livros, muitos deles meio chatos, cívicos e educativos, de um autor chamado Constancio C. Virgil – coisas lacrimejantes como *Los Hijos del Héroe*, que encheram de melancolia minhas tardes de catapora num quarto dos fundos, no inverno, dando para um paredão cinza. Tristeza que em fins de 1948 foi ainda reforçada pelas notícias do Brasil falando em duas perdas doídas.

A primeira foi a morte de meu avô Rozendo. A segunda, a morte do cachorro Buck, que ficara no sul da Bahia, na fazenda de meu tio-avô Lolô (inesquecível figura que, muitos anos mais tarde, além de virar amigo de Sylvia Orthof, serviu de inspiração física para o vovô Carlão, de *Aos quatro ventos*).

Buck, vermelhão, um dos primeiros *irish-setter* a vir para o Brasil foi adquirido numa troca com nosso vizinho em Santa Teresa, o embaixador inglês. Dei a ele um filhote de jaguatirica que papai ganhara no jornal e trouxera para casa, mas que crescia e virava grande devorador de carne, e ganhei esse cachorro com nome em inglês, tributo a Jack London, um dos autores prediletos de meu pai. Mas só muito mais tarde, na adolescência, é que eu iria ler *Chamado selvagem* e entender toda a extensão da homenagem.

Nessa época, continuava mergulhada em Monteiro Lobato, fã de Emília, Narizinho e Pedrinho, meus amores absolutos. Em segundo lugar, meu favorito era um livro de capa dura, sobrecapa em papel cuchê e fascinantes ilustrações a traço (talvez do Carybé), chamado *Cuentos de Tío Macario*, de uma autora brasileira publicada na Argentina, Lídia Besouchet. Eu sabia trechos de cor (começava assim: "Como conocí a mi tío Macario..."). Recentemente, a Nova Fronteira o editou no Brasil e sua releitura me proporcionou uma emoção indescritível o reencontro com um personagem mágico e marcante, perdido na memória.

Um dia, descobri que a autora do livro era alguém que eu conhecia e adorava, a Lídia, mulher do Newton Freitas (que eu igualmente amava de paixão), amigos de papai e frequentadores da nossa casa. Comecei a conversar com ela sobre livros, leitura e escrita. Ela me falou num escritor que era o maior amigo do Newton, Rubem Braga, mas disse que ainda era cedo para eu ler as coisas dele, só quando crescesse. E, no meu aniversário de sete anos, Lídia e Newton me deram um presente marcante e inesquecível – um diário!

Não era um diário qualquer. Era especial, só meu. Um fichário pequenino, preto, de três furos, de onde eu podia tirar e guardar tudo o que quisesse trancar para ninguém ver, e onde eu poderia acrescentar novas folhas, para que ele durasse para sempre. Na primeira página, todo desenhadinho a aquarela, havia um retrato de uma menina que era eu, cercada de anjinhos entre coqueiros à beira-mar. Em volta estava escrito: DIÁRIO DE ANA MARIA, e, embaixo, 1948, cada letra e algarismo de uma cor. A aquarela foi feita de encomenda por um pintor argentino amigo deles e de meus pais, Carybé, que nesse tempo ainda não tinha virado baiano nem ilustrador de Jorge Amado e García Márquez. Saí escrevendo furiosamente, durante anos, até que na adolescência, quando eu tinha uns treze ou catorze, uma empregada chamada Eni deu uma faxina geral na casa e jogou fora toda aquela papelada velha. Foi tão grande minha dor pela perda e pelo fato de que a Eni não foi punida, que eu não quis mais saber de fazer diário por muito tempo. Só em 1982, numa viagem ao México, querendo anotar mil coisas, recomecei aos poucos a encher meus caderninhos de escritos quase diários...

Mas esse aniversário dos sete anos ainda me trazia outra surpresa. Meus pais me deram o que talvez tenha sido o livro mais lindo que já tive – e conservo até hoje. Um Robinson Crusoé integral imenso, ilustrado pelo Carybé, num exemplar numerado, fora do comércio, colorido a mão pelo autor. Leitura para quase um ano, releitura para sempre... Seguramente veio daí meu fraco por livros de ilhas pela vida afora – de *A Ilha do Tesouro* até o recente *A Ilha do dia anterior*, passando pela *Família do Robinson Suíço*, pela *Utopia*, pelo *Gulliver*, pela *Ilha misteriosa*, pelos *Contos dos Mares do Sul*, pelas *Ilhas na corrente*, por *Lord Jim*, pelo *Senhor das moscas*, e tantos, tantos outros.

Essa também foi a época em que descobri *Os desastres de Sofia* e as outras obras da Condessa de Segur. Nem precisa dizer que "meninas exemplares" não me atraíam e eu torcia pela endiabrada Sofia.

Em outubro de 1949, de volta ao Brasil morando em Vitória, fiz minha primeira comunhão. Para festejar a ocasião, a madrinha de minha irmã, dona Dudu, me presenteou com um livro que me trouxe um impacto marcante, de tipo bem diferente – *A vida de Joana d'Arc*, de Erico Verissimo. Não gostei, quando recebi. Uma vida de santo? Daquela grossura? Nem abri. Depois, não resisti à curiosidade, era bonito, capa dura e sobrecapa brilhante, tinha umas ilustrações em cores com uns vermelhos lindos... Passei os olhos no início e uma imagem do texto me agarrou. Assim como quem não queria nada, de repente o autor perguntava: que eram aquelas duas pombinhas brancas que vinham saltitando pelas pedras do caminho? Não, não eram pombinhas, eram os pés descalços da menina Joana!

Mas que maravilha! Então se podia escrever assim? Não larguei o livro. Não larguei o Erico nunca mais, virou um amigo, um autor querido. Li com paixão todos os livros dele quando cresci – gostando mais de uns que de outros, naturalmente. Dei a meus filhos Rodrigo e Pedro o nome de seus personagens e sempre sonhei em conseguir escrever alguma coisa que desse vida à terra e à gente anônima que nos fez, da mesma forma que ele conseguiu em *O tempo e o vento*. E agora, depois dos cinquenta, de alguma forma tentei fazer isso ao narrar a saga de cinco séculos de história de um povoado praieiro. Na hora de escolher o título, depois de muita hesitação, pensei em usar um trecho do Eclesiastes. Fui lá, procurei, achei, pincei uma epígrafe, batizei o livro de *O mar nunca transborda*. Sabia que tinha recorrido ao mesmo parágrafo de que Hemingway se serviu para dar

título a seu *O sol também se levanta*. Mas nem desconfiava que meu subconsciente se manifestara e eu estava
homenageando o Erico também. Semanas depois do livro publicado, quando fui dar *O tempo e o vento* para
minha filha Luísa ler, abri a primeira página e vi que
também ele escolhera a mesma epígrafe. Num trechi-
nho pequeno, Hemingway pegou o sol, Erico ficou com
o vento, eu escolhi o mar – e as gerações continuam se
sucedendo sobre a terra.

Em Manguinhos, 1955.

Felicidade clandestina

Não era mais uma
menina com um livro:
era uma mulher
com o seu amante.

(*Felicidade clandestina*,
Clarice Lispector.)

De volta ao Rio em 1950, vim morar em Ipanema, estudar na Praça General Osório, Colégio Mello e Souza. Os donos do colégio eram de uma família de educadores e escritores. Eu era boa aluna e vivia ganhando prêmios – geralmente livros, da família. No quarto ano primário, dona Carolina me deu um livro encantador – *Histórias do rio Paraíba*, do pai dela (um Mello e Souza cujo prenome, infelizmente, esqueci), cheio de lendas de Taubaté, Guaratinguetá, Aparecida e de outros lugares do vale do Paraíba. Como eu gostei, me indicou *Nas Terras do rei Café* e toda a série de Taquarapoca, do Francisco Marins. Li e reli um certo *Memórias de um bicho-carpinteiro*, que adorei, não faço a menor ideia de quem seja o autor. Na quinta série, enquanto meu irmão Nilo ganhava de sua professora de escola pública, dona Heloísa, o *Coração*, de Edmundo de Amicis (um livro que me transportou à Itália em sucessivas leituras), entre os prêmios dos Mello e Souza, veio *O homem que calculava*, de Malba Tahan, também da família. Foi um fascínio! Saí atrás do resto da obra: *Lendas do povo de Deus*, *Maktub* e outros... Todas essas histórias de derviches e caravanas, cheias de sabedoria oriental, que agora as pessoas leem no Paulo Coelho, crentes de que estão descobrindo a pólvora.

Era um contato com um povo diferente, outra cultura, que eu só conhecia das histórias das *1001 noites* que meu pai contava. Fui conversar com ele, que me indicou mais alguns livros sobre povos distantes. Vários (*O Sheik, O filho do Sheik, Beau Geste*) me abriram as portas de fantásticas coleções de aventuras (*Os audazes, Terramarear, Paratodos* e outras) que eu iria devorar nos anos seguintes. Mas um deles me revelou um autor fecundo, Rudyard Kipling, e foi leitura marcante na pré-adolescência – *Kim*. Em suas páginas, eu viajava pela Índia e seguia um homem santo por toda parte, entendia a relação de um menino com um velho como se fosse a minha com meu avô, uma amizade feita de troca de afeto, de carinho e aprendizado. Li, reli, depois vi o filme, que adorei.

A essa altura, a família toda discutia as leituras. Papai estava satisfeitíssimo com o sucesso de suas indicações, mas aflito com a responsabilidade de manter o padrão e farto de não saber que outro livro podia me indicar. O duro era satisfazer minha fome de "outro sítio do Picapau Amarelo", quer dizer, livros que fossem uma coleção com os mesmos personagens, num lugar que eu ficasse conhecendo e onde eu "pudesse morar".

Mas um dia ele podia ter gritado "Eureka!". Porque se lembrou de botar em minhas mãos um exemplar de *As aventuras de Tom Sawyer*, ao qual se seguiram todos os outros do mesmo escritor, até os contos para adultos, que me arrancaram gargalhadas.

Se Lobato foi o autor da minha infância, Mark Twain ia ser o guia da minha pré-adolescência. Com Tom e Huck, morei no Mississípi, desci o rio em balsa, ajudei escravo a fugir, pesquei, dormi debaixo das estrelas, preguei peças nos outros, fui absolutamente moleca, livre, sem peias. A atração que eu senti por Huck (como a que pouco antes tivera por Peter Pan, via Lobato) era já próxima da típica paixonite adolescente que vinha a caminho logo, logo, por meninos de verdade.

E minha amizade com Tom Sawyer incorporava um traço que sempre marcou minhas amizades pela vida afora: a indicação de livros bons. Como Tom adorava ler e vivia falando em um monte de livros, saí atrás dos que eu não conhecia. E fui descobrindo *O conde de Monte Cristo*, *O homem da máscara de ferro*, *Os três mosqueteiros*, enfim, a obra de Dumas pai e Dumas filho, e mais Emílio Salgari, Rafael Sabatini e quantas outras aventuras de capa e espada se ocultassem nas coleções da Nacional e da Vecchi. E mais: piratas, corsários e capitães para todo gosto, tarzans em todas as selvas, pimpinelas escarlates e tulipas negras em meio a revoluções, lobos do mar e baleias-brancas pelos sete mares, tesouros, ilhas, desertos... E o oeste bravio de Winnetou e os bosques amenos do *O último dos moicanos*, mais os delírios científicos de Julio Verne, as deduções inteligentes de Sherlock Holmes, a ousadia misteriosa de Arsène Lupin. Sem esquecer um nicho muito especial para a estante da Idade Média, com Walter Scott à frente (*Ivanhoé* e *O talismã*), pelo meio de todas as sagas dos cavaleiros da Távola Redonda, e dos Doze Pares de França, em que flechas negras e cruzadas coloriam os reinados de Artur, Carlos Magno ou Ricardo Coração de Leão, e competiam com o mais adorado de todos os meus heróis – Robin Hood. Depois de esgotar todas as versões de suas aventuras em português, encontrei na biblioteca da Cultura Inglesa uma enorme, em inglês, cujos primeiros capítulos traduzi penosamente, a mão, em grossos cadernos, para que meus irmãos e amigos lessem – isso mais ou menos por volta dos meus catorze anos.

Enquanto isso, no colégio, minhas professoras de português, no ginásio (dona Laís e dona Anéris) iam correndo conosco as páginas das antologias de leitura e nos apresentando a um acervo básico de poetas e prosadores entendidos como um patrimônio comum de clássicos que era essencial conhecer. Ao mesmo tempo, exigiam redações e análises que nos faziam compreender a língua por dentro, suas belezas e possibilidades. Um de meus textos foi tão elogiado e premiado que o mostrei em casa. Meu tio Nelson, que estava lá, o levou para tio Guilherme, folclorista – e essa acabou sendo minha estreia literária. Devidamente assinado e aumentado, por encomenda da revista *Vida capichaba*, saiu publicado meu *Arrastão*, sobre as redes de pesca artesanal em Manguinhos. Para mim, o orgulho supremo foi que nada na revista o caracterizava como tendo sido feito por uma menina de doze anos.

Enquanto isso, Madame Caroline, de francês, nos fazia ler trechos de Daudet e Anatole France, poemas de Verlaine e Musset – leituras que depois eu discutia com minha avó Neném, da mesma forma que, com vovô Ceciliano, comentava por cartas durante o ano e ao vivo nas férias tudo o que me atraía ou intrigava.

Tive com meu avô uma relação privilegiada, em que ao afeto enorme se somava a certeza de um intercâmbio de inteligências. Desde pequena, eu queria ser uma terra fértil para tão magnífico semeador. (E essa frase agora me fez lembrar *Os sermões* de Vieira, que meu pai lia e relia, anotando sem parar a edição completa, e meu avô também admirava muito).

Saíamos para andar sozinhos no mato: ele me ensinava a reconhecer famílias de plantas, a distinguir passarinho pela plumagem, pelo canto e pelo ninho, a me orientar com o sol, a não me perder entre as árvores seguindo imperceptíveis sinais que me deixava, como se fôssemos índios. De noite, me mostrava as constelações no céu, contava os mitos ligados a elas. Se a porteira rangia, se a lenha no fogão chiava, se o eco respondia à nossa voz, se o esguicho de regar as plantas no jardim formava um arco-íris, me fazia descobrir o porquê. Os princípios da física eram uma grande história do mundo, os jogos matemáticos também. Nas sombras do lampião da sala, entre laranjas, limões e abricós-da-praia, víamos órbitas de planetas e entendíamos eclipses. Brincávamos de triângulos com Pitágoras, de números com Eratóstenes, de afundar objetos na bacia com Arquimedes, de deixar cair papéis e laranjas com Newton. E como depois, nas obras de Monteiro Lobato, Dona Benta fazia algo parecido com os netos, eu achava que todo avô era sempre assim.

Natural que, ao crescer, continuássemos próximos. Trocávamos indicações de livros por carta, recortávamos e nos enviávamos crônicas e artigos de jornais, comentávamos o que acontecia no país. Quando caiu a ditadura de Batista em Cuba, comemoramos juntos a Revolução – e ele, que nunca bebia, tomou champanhe! Aos oitenta anos, quando minha avó morreu, teve dois enfartes em uma semana. Sobrevivendo, quis se ocupar para se distrair e começou a estudar inglês. Eu lhe mandava os livros da Cultura Inglesa, com leitura simplificada. Ele seguia adiante, passava a ler em português outros autores que não conhecia. Lembro que exploramos juntos a obra de Thomas Hardy, não sei quem indicou o que, mas foi uma grande descoberta para mim, até hoje um autor que me dá muito prazer. É bom saber, lá num cantinho, que, quando eu quiser, sempre posso reler *Judas, o obscuro* e me emocionar com sua busca.

Devo a meu avô também meu primeiro contato com uma editora. No fim da vida, ele resolveu escrever suas memórias, *O desbravamento das selvas do Rio Doce*, que acabaram sendo publicadas pela Editora José Olympio, numa coleção chamada *Documentos Brasileiros*. Essa foi uma série importantíssima que, ao lado da *Biblioteca Histórica Brasileira*, da Martins, e mais a *Brasiliana*, da Companhia Editora Nacional (livros que se repetiam pelas estantes de meu pai e meu avô), desempenharam um papel crucial na afirmação de nossa identidade cultural e deixaram uma contribuição preciosa para que o Brasil se conhecesse e se pensasse. Pois bem, em determinado momento do processo de produção do livro do meu avô, fui com meu pai levar ou pegar umas provas na editora.

Foi um deslumbramento! Eu não sabia que aquilo existia. Um escritório cheio de livros, com gente que falava em fazer mais livros, em meio a um entra e sai permanente de gente que fazia livros. Foi o primeiro lugar na minha vida em que, assim que entrei, tive a sensação: "Quando eu crescer, quero trabalhar nisso". Mas não passou de uma sensação. Tão forte, porém, que me fez voltar lá várias vezes, independentemente do livro do meu avô, só para bater papo, tomar cafezinho, às vezes até almoçar. No fim de algum tempo, além da inesquecível figura do J.O., eu conhecia o Daniel, o Athos, já tinha conversado com Otávio Tarquínio de Souza e Lúcia Miguel Pereira, sido apresentada a Raquel de Queirós e Drummond. Mal desconfiava eu que, muitos anos depois, ia saborear minha relação com a Editora Salamandra, em que o filho (Geraldo) e os netos (Marcos e Tomás) de José Olympio tratam tão bem a mim e aos meus livros.

Nesse tempo, no colégio, isso ainda era bem distante. Importante era a inesquecível Mrs. Libânio, que, num ato de fé na capacidade dos alunos, nos fazia aprender poemas ingleses em suas aulas – na segunda série ginasial coube-me declamar Shakespeare no original: o discurso de Marco Antônio no túmulo de César. Filha de político, fiquei tão deslumbrada com a inteligência daquela oratória, que saí procurando ler outras coisas do autor, inaugurando um contato íntimo e duradouro, amor de minha vida, coisa para sempre. Estou absolutamente convencida de que ninguém, nunca, alcançou a genialidade dele e nenhum outro clássico (fora Cervantes e Homero, que também moram no meu coração, mas que têm menos livros) me fala tão de perto e de modo tão permanente.

Reler esse trio – ao qual depois acrescentei Eça e Machado – passou a ser uma constante em minha vida de leitora. Mas isso é coisa para mais tarde. Voltemos ao meu momento de menina-moça.

Pois é, porque a essa altura, já se aplicava perfeitamente a mim o poema de Machado de Assis:

Está naquela idade incerta e duvidosa
que não é dia claro e não é alvorecer,
entreaberto botão, entrefechada rosa,
um pouco de menina e um pouco de mulher.

Essa quadrinha estava no início dos livros da *Coleção Menina-e-Moça*, que, ao lado da *Biblioteca das Moças* (M. Delly, Henri Árdel, Elynor Glyn, etc.), comecei a explorar também por essa época, junto com minhas colegas de ginásio. Trocávamos livros e opiniões de leitura, como trocávamos retratos de artistas de cinema recortados de revistas importadas, letras de músicas, informações sobre os garotos. Tudo parte da vida, fluindo no mesmo leito de descobertas.

Além do colégio, eu estudava na Cultura Inglesa e na Aliança Francesa. Sete anos de inglês e seis de francês (mas com aulas mais compridas...). E tome Corneille, Racine, Victor Hugo... E mais Dickens, Foster, Jane Austen, Charlotte e Emily Brontë – com que prazer eu li esses ingleses! Devorei sucessivamente *Oliver Twist*, *Uma história em duas cidades*, *Nicholas Nickleby*, *David Copperfield*, *Grandes esperanças*, ávida por liquidar todo o Dickens. Depois, foram aquelas mulheres inglesas maravilhosas do século XIX, tão especialmente próximas de mim, eu nem desconfiava que era por serem mulheres e termos sensibilidades irmãs... livros como *Persuasão* ou *Orgulho e preconceito, Razão e sensibilidade* me abriam as portas para espiar uma sociedade de relações sutis e complexas que me fascinava. Amei e me identifiquei com a independência de *Jane Eyre* sobrevivendo de seu próprio trabalho, tive pelo adulto e arredio Heathcliff minha última paixão literária adolescente, entre as urzes das charnecas bravias (ai, que palavras mágicas!) de *O morro dos ventos uivantes*.

A partir daí, nem dá mais para tentar seguir minhas leituras, que se espalharam pelos quatro cantos. Li *Pollyana e Mulherzinhas* (sonhando em ser independente e escritora como a Jo), li românticos água com açúcar como Macedo (*A moreninha* e *O moço loiro* me deliciaram), li Alencar que não me entusiasmou, li todos os *best-sellers* da época, Cronin, Pearl Buck, Somerset Maughan, que nos chegavam em edições da Globo gaúcha... Li gibis e histórias em quadrinhos de todo tipo, dos super-heróis (Mandrake, Superman, Fantasma, Capitão América, Nick Holmes, Terry e os piratas) aos infantis (Pernalonga, Tom e Jerry, Bolinha e Luluzinha, Laura Jane e Tiquinho), dos *Clássicos Ilustrados* e *Séries Sagradas* da EBAL a *Grande Hotel* e às fotonovelas que surgiam. Li bula de remédio e catálogo telefônico. Li tudo o que me indicaram.

E como meus amigos liam! Além disso, discutiam as leituras... Mas não ficávamos só nisso. Ler não era nada demais, era parte da vida. A vida, sim, é que era atraente e hipnotizante. Aos treze anos, ganhei um concurso de *rock* em Copacabana, dançando com um dos meus maiores amigos da vida inteira, Roberto Pontual, então com dezesseis! Todo fim de semana tinha festa, pelo menos um "arrasta" (de arrasta-pé ou arrasta-móveis?). Dançávamos, íamos a matinês de cinema aos domingos, não perdíamos uma praia. Descíamos as ondas, "pegando jacaré" com ou sem prancha (de madeira).

Meu colégio ficava na quadra da praia e, nos dias quentes, íamos de maiô por baixo do uniforme – sempre dava para um mergulhinho. Sábados e domingos, o Arpoador nos esperava com suas águas claras, suas moças elegantes e lindas que nos serviam de distantes modelos (Ira, Cookie, Marina...) e uns rapazes mais lindos e mais distantes ainda, adultos que nem olhavam aquelas pirralhas embevecidas. Havia um louro atlético, apelidado "21", que passava pasta d'água no nariz e jogava frescobol. E havia a turma da caça submarina, com dois grandes "pães" – o irmão de Marina, Arduíno Colassanti, e Bruno Hermanny, ao qual às vezes, de tarde, vinha se juntar seu cunhado, cuja palidez de boate contrastava com o bronzeado esportivo dos outros, mas era o homem mais bonito em que eu já tinha posto os olhos. Chamava-se Tom Jobim e sua música ia iluminar a vida de nós todos para sempre, mas eu nem desconfiava. Para mim, fazia parte das belezas naturais do meu bairro.

Na minha turma do colégio, havia uma menina que gostava de tocar violão, irmã de uma modelo de Jacques Fath, sucesso em Paris. Só viemos a ser muito amigas anos mais tarde, no exílio, e até hoje não me conformo porque Nara Leão foi-se embora tão cedo. Compartimos alegrias e tristezas, tivemos gestações paralelas (de Isabel e Pedro) e partos com o mesmo Dr. Bazin. Trocamos afeto e in-formações corriqueiras – como receitas culinárias –, mas também nos apoiamos em momentos duros de uma pá-tria madrasta. Mas a primeira dica que ela me deu, eu não aproveitei: foi a de um professor de violão, Carlinhos Lira. Fui lá, tive uma aula, achei que não tinha jeito, desisti. Não desisti, porém, dos livros que ela me indicou, nem dos fil-mes que me recomendou. E devo a ela revelações de um mundo musical que ajudou a tecer minha vida, da bossa--nova a Chico, passando por Fagner, pelo Zicartola e pelo Opinião (com todos os baianos que ele trouxe para o sul).

Quer dizer, ler nunca me isolou nem me atrapalhou para dar valor às boas coisas da vida. Pelo contrário, me deu assunto e condições de apreciá-las melhor. Além de me ajudar a enfrentar as dores da adolescência, que não eram pequenas: eu me achava feia, sem graça, incompreendida. Tinha vontades súbitas de chorar – e às vezes chorava escondida, quase uma hora. Tinha ciúmes de minha irmã, que era lindíssima. Tinha vergonha de fazer carinho em minha mãe e achava que ela não queria saber de mim, porque não ficava me beijando e abraçando como eu gostaria. Tinha medo de ficar sozinha quando crescesse. A sorte é que, quando a barra pesava, livro ajudava. Com um livro eu sonhava, viajava, vivia outras vidas. Voltava aliviada e mais forte para o dia a dia.

Estudei no Mello e Souza até completar o ginásio, entre amigos, livros, filmes, incipiente bossa-nova, *jam-sessions* em sessões vespertinas no Beco das Garrafas ou nos apartamentos dos inúmeros amigos. Nana Caymmi era do mesmo colégio, mas de uma série mais adiantada, não andava na mesma turma. O pai dela, porém, o velho Dorival, me foi apresentado por meu pai um dia numa festa. Mas nem pude tietar como deveria – porque na mesma festa conheci aquele que a essa altura era meu ídolo: o cronista Rubem Braga, um urso de olhos claros e resmungos monossilábicos.

A revista *Manchete* estava no auge nesse tempo e toda semana trazia sua equipe de cronistas, entre os quais Fernando Sabino, Paulo Mendes Campos e Rubem Braga, que eram meus preferidos. Mas nenhum me fascinava como o Braga, pela maneira como escrevia, pela sua capacidade de captar a poesia do quotidiano, de usar um fiapo de assunto e ir tão longe...

Eu recortava e guardava o que ele escrevia (também no *Diário de Notícias*), colecionava, lia e relia, sabia trechos de cor. O que ele fazia com as palavras era tão bonito que me dava um aperto no coração, vontade de chorar, de sorrir, de gritar para o céu, sei lá... Sei, isso sim, que depois daquele choque infantil com o Erico Verissimo e sua imagem dos pés da menina Joana d'Arc, foi com Rubem Braga que eu tive essa segunda traulitada: meu Deus, dá para se fazer isso com a língua! Mas aí, fui um pouco mais adiante: se é possível alguém fazer isso, então também quero.

Não comecei a escrever nessa ocasião. Mas tive minha primeira vontade consciente de conseguir domar as palavras. Nessa idade, não sabia ainda o que fazer desse e de outros desejos. Fiquei razoavelmente amiga do Rubem, de uma estranha amizade entre uma adolescente tímida e um quarentão bicho do mato. Creio que ele se encantava com o fato de eu conhecer tão bem as suas crônicas, aquela menina magrela e desengonçada fazia bem a seu ego... Algumas vezes, ao sair do colégio, o encontrei na praça em frente. Sentávamos num banco e conversávamos sobre livros, poesia, a vida em geral. Vez por outra, ele me ligava. Uma vez, eu trouxe de Manguinhos para ele um cestinho cheio de pitangas. Levei, num fim de tarde, até seu apartamento – uma cobertura para onde acabara de se mudar. Pensei que íamos comer as frutas juntos, mas ele só me deu uma, disse que eu já tinha comido por lá, aquelas eram dele. Mas separou os caroços para plantar em seus jardins suspensos, onde as pitangueiras cresceram e frutificaram até sua morte. Poucos dias depois, na saída da escola, me retribuiu, trazendo-me uma flor. Mas quando telefonou lá para casa, papai atendeu e ficou furioso. Proibiu que ele voltasse a me procurar, na época nem entendi bem por quê. Foi o fim de uma bela amizade.

Mas não foi o fim de meu fascínio pelo estilo dele. Nem da vontade de escrever. Coisa que, a essa altura, eu gastava em pequenos exercícios: poemas adolescentes, cartas para as primas. Depois, arrumei um namorado em Vitória. Mais cartas, agora com a responsabilidade maior de ser sedutora à distância, com palavras. Mas nada demais. Começava também a desenhar e a querer pintar, e ia desconfiando que meu caminho era por aí.

No MoMa, em Nova York, 1960.

A palavra escrita

Por isso fazia
Seu grão de poesia
E achava bonita
A palavra escrita.
Por isso sofria
Da melancolia
De sonhar o poeta
Que quem sabe um dia
Poderia ser

(*O poeta aprendiz*, Vinicius de Moraes.)

Podia até não saber se queria escrever. Mas sabia que gostava de ler. E fui fazer o científico no Colégio de Aplicação, onde todo mundo falava em livros com entusiasmo – do professor de Química à professora de Educação Física. Inclusive os meninos, já que pela primeira vez em minha vida, desde o Jardim de Infância, eu estava estudando agora em colégio misto... Para minha surpresa, descobri que fazia um certo sucesso com eles e não parava de dançar nas festas. Fiz um monte de amigos. Tive professores maravilhosos – que me fizeram ler Celso Furtado e Caio Prado Júnior, além da *História da riqueza do homem*. Entrei para o grêmio do colégio, fui escrever no jornalzinho *A Forja*. Fizemos um grupo de teatro experimental orientado por Claudio Bueno Rocha, que me fez ler uma quantidade inacreditável de dramaturgos (sobretudo americanos e irlandeses, sei lá por que, até hoje desconfio que mais da metade dos autores que escreveram para teatro nasceram nos Estados Unidos ou na Irlanda). Montamos O'Neill, Thornton Wilder, Tennessee Williams – com a ajuda protetora da nossa vizinha Maria Clara Machado, que dirigia *O Tablado* bem ali em frente. E comecei a fazer política estudantil.

Quando dei por mim, estava com um grupo de amigos participando da fundação de um jornal de verdade, chamado *O Metropolitano*, da AMES (Associação Metropolitana dos Estudantes Secundários). Dava um trabalhão, mas era empolgante... Era um semanário feito por secundaristas – e entre meus colegas das páginas culturais estavam Roberto Pontual e os futuros cineastas Cacá Diegues e Arnaldo Jabor. A sede ficava no centro da cidade, no Calabouço, bem perto da Escolinha de Arte do Brasil do Augusto Rodrigues, onde comecei a estudar pintura.

Em seguida, fui para o Atelier Livre do Museu de Arte Moderna, lugar em que, por vários anos, tive o invejável privilégio de trabalhar com Aloísio Carvão, além de ter aulas com Ivan Serpa e Teresa Nicolau. Mas Carvão não era só um artista de primeira grandeza e um ser humano de rara dignidade: era um professor nato. Foi meu mestre, meu maestro soberano nas artes da vida e tenho por ele uma gratidão e um carinho incomensuráveis. Pouca gente como ele foi tão exigente comigo e ao mesmo tempo me deu tanta força.

O método de ensino de Carvão, se descrito, parece simples e sem mistérios. Tínhamos aulas duas tardes por semana, em pequenos grupos – e alguns dos alunos eram talentosíssimos, como o Luís Aquila, por exemplo. Pequena parte das aulas era reservada a algum aprendizado técnico, exercícios de composição, coisas assim. Mas a principal atividade era uma roda-viva. Cada um levava algum trabalho que tinha feito em casa e o submetia a todos. Todo mundo tinha que analisá-lo e criticá-lo, inclusive o autor e o professor, sempre justificando suas opiniões. Impossível avaliar à distância o bem que isso nos fez no dia a dia, a humildade e a segurança que foi simultaneamente desenvolvendo em nossos embates com a linguagem pictórica, a gana que inculcou em cada um de nós para ousar e romper com as amarras dos clichês e das dificuldades, a garra para trabalhar cada vez mais e melhor, o hábito de enfrentar críticas e desenvolver autocrítica.

Hoje sei que o Atelier Livre de Aloísio Carvão me preparou para a dureza de ser artista. Se acabei escolhendo a palavra em vez das tintas, só mudou o meio. Li recentemente uma frase do crítico francês Roland Barthes (outro professor a quem devo muito) que me fez pensar muito no Carvão e nesse método dele: "Um grande artista é feito de 20% de esforço, 30% de talento e 50% de caráter". A bênção, Carvão e Barthes, saravá! – como cantaria o Vinicius.

As aulas com Carvão foram interrompidas porque ele ganhou o Prêmio de Viagem do Salão e foi morar um tempo na Europa – o que me rendeu uma preciosa correspondência com ele. Eu continuei pintando, participando de salões e coletivas enquanto fazia a faculdade, e, ao partir para minha primeira exposição individual, tive a alegria de ser apresentada por Rubem Braga, que filiou minhas telas a Turner e me encheu de emoção. Mas isso já foi bem mais tarde. Ao começar a estudar pintura, eu ainda estava no Colégio de Aplicação e no *Metropolitano*, me abrindo para a vida e novas leituras e inquietações.

Os professores de português no científico do C.Ap. (Laplana, Carlos, Margarida) foram absolutamente maravilhosos e me fizeram amar um Camões vibrante e sem chatices, adorar cantigas de amigo e todo o cancioneiro medieval e renascentista, descobrir paixões como Eça e Fernando Pessoa. E mergulhar de cara na literatura brasileira, até então bem desconhecida para mim. Devorei Jorge Amado, Zé Lins, Manuel Antônio de Almeida, Raquel de Queirós, Mário de Andrade, Guimarães Rosa. Fiquei de queixo caído com Graciliano e Machado de Assis. E, sobretudo, para sempre, fiz minha "estante de cabeceira", dos poetas que carrego comigo, moram em meu peito, falam por mim, são porta-vozes da minha alma: Drummond,

Bandeira, Vinicius, João Cabral, Jorge de Lima, Cecília, Oswald de Andrade...

No meio de tudo isso, muito estudo, que o científico era puxadíssimo e minha turma colecionava gênios matemáticos (deu primeiro lugar em tudo quanto foi vestibular da área técnica), coisa que me fazia penar para tentar acompanhar... E o mundo lá fora era tão interessante e tentador! Namoros, festas, praia, muita música, teatro, tudo isso de que já falei. Política para valer – também já contei. E uma imprensa muito interessante, que discutia tudo isso de forma estimulante. O *Correio da Manhã* tinha cinco cadernos! O *Jornal do Brasil* fazia uma grande reforma gráfica e lançava um suplemento que discutia concretismo, neoconcretismo, filosofia, estética e todas as inquietações da vanguarda. A Editora Civilização Brasileira e a Zahar publicavam livros interessantíssimos, em que se questionava tudo o que estávamos vivendo. A revista *Senhor* (nada a ver com a que usou esse mesmo nome em tempos mais recentes) era um luxo cultural: lançava cartunistas como Jaguar e Ziraldo, trazia cronistas como Clarice Lispector, jornalistas como Ferreira Gullar (que depois, como poeta, iria com Cacaso e Adélia Prado fazer companhia aos outros na "estante de cabeceira").

Duro fazer vestibular com tanto estímulo em volta. Ainda mais para quem não sabia o que queria fazer, como eu. Resolvi me submeter a um tal de "teste vocacional". Deu que eu tinha grande aptidão verbal e raciocínio espacial muito desenvolvido, objetividade científica e imaginação artística. Claro, né? Ajudou muito, como se pode imaginar. Fiel a essa "orientação" tão elucidativa, e já que o ensino de Belas-Artes era totalmente acadêmico, fiquei na dúvida entre arquitetura e química. Na hora H, optei por geografia (que não exigia latim nem matemática), já que eu ia mesmo ser pintora e não precisava de nada daquilo... Foi mole, passei com uma média tão alta que saiu em todos os jornais e morri de vergonha de ser CDF. Entrei para a faculdade, fui trabalhar em pesquisa no Centro de Geografia do Brasil e me animei toda com a possibilidade de estudar História mais a fundo, Geografia Econômica e outras coisas interessantes.

A animação durou menos de um ano. Derrotada pelas horas dedicadas a examinar rochas e eixos de cristalografia, pelas manhãs às voltas com teodolitos e curvas de nível no Alto da Tijuca, e pela minuciosa classificação de nuvens nas aulas de meteorologia, tranquei matrícula em setembro. Por uma série de circunstâncias pessoais e familiares, tive a oportunidade de fazer um curso intensivo em pintura no Museu de Arte Moderna de Nova York. Não perdi a chance, e aproveitei para também fazer outro, de História da Arte.

Na hora de embarcar, tomei vergonha, achei que valia a pena fazer um sacrifício para conhecer melhor a obra de autores que eu amava, como Fernando Pessoa, Albert Camus e Federico García Lorca. Incluí na bagagem os quatro livros de latim das quatro séries ginasiais, aproveitei o meu lado disciplinado para estudar com método todo dia um pouquinho e, na volta, treinadíssima em traduzir *As metamorfoses* de Ovídio, entrei para a Faculdade de Filosofia, para estudar língua e literatura.

A minha foi a última turma a se aventurar por uma maratona chamada Curso de Letras Neolatinas, em que não sei como sobrevivemos a tanto livro e tanto estudo. Lembro de uma certa semana, no segundo ano, onde com poucos dias de diferença entregamos um trabalho sobre *O inferno* de Dante, um ensaio sobre o Quixote e fizemos uma prova sobre Montaigne. Mas valeu, valeu, valeu! Por tudo o que aprendemos e pelo contato com professores inesquecíveis, como Alceu de Amoroso Lima, José Carlos Lisboa, Cleonice Berardinelli, Anísio Teixeira, Celso Cunha, Maria Arminda Aguiar, Marlene Castro Correia e tantos outros...

O dia era comprido, das seis às dez. De manhã, eu dava aula de português, latim e francês (em inglês) numa escola americana. De tarde, faculdade. De noitinha, na hora de voltar para casa, a fila da condução era enorme. O jeito era fazer hora na cinemateca do MAM, com uma turma enorme de estudantes, pintores, futuros cineastas. Amigos queridos. Foram quatro anos com sessões diárias (às vezes duplas) de excelentes filmes, e muita discussão, alimentando a paixão pelo cinema. Sobrava pouco tempo para pintar, ia pintando menos. E aquelas palavras e frases todas, que havia tanto tempo iam se embolando e se amontoando lá dentro de mim, parece que pediam para tentar sair de alguma forma.

Não sei bem, mas deve ter sido por isso. Ou então foi para contrariar meu pai, que vivia dizendo que não queria ter filho jornalista, era uma vida muito sacrificada, etc. (coitado, teve quatro). Pois não entendo como nem por que, em 1963, quando começava o terceiro ano da faculdade, me armei de coragem (e cara de pau), escolhi um jornal de que gostava, o *Correio da Manhã*, e fui até lá me oferecer como repórter.

De teste, me mandaram fazer duas entrevistas, com dois pintores, para uma sessão dominical chamada "O homem no sétimo dia". O primeiro era Augusto Rodrigues, com quem eu tinha estudado na Escolinha de Arte do Brasil. O segundo, Carybé – aquele que, na Argentina, ilustrara meu diário. Achei que eram os anjos me protegendo. Escrevi com capricho, carinho e conhecimento do assunto. Foram ambas publicadas com destaque, fotos lindas, página inteira. Sem assinatura.

Quando em sua leitura dominical dos jornais meu pai deu com a segunda reportagem, fechou o jornal e comentou com a família:

— Não deixem de ler a entrevista do Carybé. Bem escrita, bem observada... Coisa de bom repórter. Pena que não dizem de quem foi. Aliás, a semana passada aconteceu o mesmo com uma entrevista com o Augusto Rodrigues.

Minha vaidade não resistiu a tanto elogio. Confessei o crime.

De início, ele ficou tão espantado que nem acreditou. Depois, ficou furioso. Não admitia que eu estivesse fazendo alguma coisa escondida dele, desse modo... O primeiro impulso foi me botar de castigo, proibir que eu saísse para um chope com os amigos depois da praia. Passado o choque, caiu em si. Quis saber detalhes, com quem eu tinha falado, quem mais trabalhava na redação do *Correio*... E quando viu que era fato consumado, não tinha jeito (e eu parecia ter jeito para a coisa), ficou solene e deu conselho.

— Minha filha, eu preferia que você não tivesse se metido nisso, é uma profissão muito bonita, mas muito exposta, um ambiente muito competitivo, muito sujeito a calhordice, a futricas, a pressões indevidas... Mas, já que você parece mesmo resolvida, vou lhe dar um conselho. Um cuidado que eu sempre tive na profissão. Não sei como é com mulher, vocês não usam paletó... Mas faça as adaptações necessárias...

E diante da filha curiosa, deu seu depoimento, que eu veria ser repetido outras vezes depois, para outros irmãos:

— Quando eu entro numa redação pela primeira vez, vejo qual vai ser minha mesa e onde fica o cabide mais próximo, ou o prego na parede mais à mão... Penduro nele o paletó, afrouxo a gravata, arregaço as mangas e me jogo no trabalho. Sem muito trabalho, não há jornalismo que preste, o sujeito vira só moleque de recado do patrão ou do entrevistado, repetindo palavras que não são suas em vez de ir desencavar o fato mesmo. Mas o tempo todo, enquanto eu estou trabalhando, estou de olho no paletó. Se eu tiver que fazer qualquer coisa que me violente, escrever o que eu não quero, ou não escrever o que eu quero, essas coisas... nem discuto! Levanto, passo a mão no paletó e saio pela porta afora. Não adianta nem discutir. Quem acha que a gente pode abrir mão da autonomia não entende de caráter, então não adianta argumentar. A pior coisa para um jornalista é se agarrar ao cargo, ter medo de perder o emprego. Aí ele cai de quatro, montam nele, e ninguém mais respeita. E não tem meio-termo. Quem acha que pode abaixar a cabeça só um pouquinho, que isso não faz mal, é porque não sabe o que é cabeça erguida.

Sábio conselho, que não cansei de seguir pela vida afora. Em redações ou fora delas. Quem não me conhece de perto acha graça nas minhas mudanças súbitas e radicais. Pensa que são rompantes emocionais, que me levam a pedir demissão de repente e começar do zero. Mudar de emprego, de profissão, de cidade, de editor, de vida. Mas quem acompanha de perto sempre entende por que faço isso, mesmo não concordando e achando exagerado. Muitas vezes, o próprio ex-chefe, na despedida, me diz algo como:

— Você tem toda razão, mas devia ser realista. Bem que podia dar outra chance. Para que dar murro em ponta de faca? Você vai sair perdendo.

Até hoje, só perdi dinheiro, mais sucesso na carreira, fama e a aprovação da "patota". Fiquei meio marginal, não tenho o que se costuma chamar de "uma boa imprensa". São perdas, claro. Mas nada que se compare ao que eu ganho dentro de mim a cada episódio desses, e que nem preciso explicar. Quem entende, entende. "Quem não entende, com toda a dor de minha alma, então não vale a pena", como diz o Gabriel García Márquez dos "amigos" que cobram certas coisas.

De qualquer modo, valeu o conselho do meu pai.

Na redação do *Correio da Manhã*, embevecida com a sabedoria e erudição de Otto Maria Carpeaux, fiz boas amizades com uma porção de gente que adorava ler, ouvir música, ir ao cinema, e em cujo convívio minha vida se abriu em amplos horizontes.

Foi uma época de racionamento de luz no Rio de Janeiro e todo dia tínhamos quarenta minutos de *blackout* com hora marcada. Então saíam das gavetas de arquivo umas garrafinhas, umas velas e todo mundo batia papo na redação – dos grandes e consagrados jornalistas, como Antonio Callado, Marcio Moreira Alves, Hermano Alves, Carlos Heitor Cony, à turma do caderno feminino, onde eu me incluía. Meus maiores amigos eram Maurício Gomes Leite e Sérgio Augusto (que tinha sido meu colega no jardim de infância, turma da dona Jurema), parte de uma brilhante constelação de críticos de cinema que incluía Moniz Viana e Décio Vieira Ottoni.

Por essa mesma época, em outras rodas de amigos, fui enormemente estimulada em meu crescimento intelectual e afetivo por outras pessoas. Alguns eram gente de minha geração, cujo brilho me atraía e cuja agudeza me estimulava, como José Guilherme Merquior. Outros eram mais velhos, como San Tiago Dantas, que às vezes vinha à garagem na casa de sua sobrinha e minha amiga Lúcia, onde eu mantinha meu ateliê de pintura, e se sentava junto ao meu cavalete dando palpites, conversando sobre livros ou apenas desenvolvendo seu raciocínio sobre algum tema do momento, pensando em voz alta. Ensinou-me desde coisas práticas (como descascar laranja com garfo e faca) até lições imorredouras de democracia, como fazer sempre o exercício intelectual de procurar ver o que poderia haver de verdade na posição de um adversário...

Insisto em falar nos amigos e nas outras atividades que me interessavam porque sem eles seria impossível cumprir o que me pediram neste texto: passar a limpo minha trajetória, explicando como foi que eu virei escritora.

Ser leitora e escritora é uma escolha ligada ao intenso prazer intelectual que essas atividades me dão. Escrevo porque gosto da língua portuguesa, gosto de histórias e conversas, gosto de gente com opiniões e experiências diferentes, gosto de outras vidas, outras ideias, outras emoções, gosto de pensar e de imaginar. Em todo esse processo, a leitura foi fundamental. E, seguramente, eu teria lido muito menos, se não estivesse sempre cercada de pessoas que falavam com entusiasmo de livros e autores. Eram eles que despertavam minha curiosidade e me faziam correr atrás das sugestões, em geral encontradas nas estantes da livraria Ler (onde eu tinha conta e pagava a prazo), de propriedade do Jorge Zahar, modelo de livreiro, editor e de ser humano.

Como meu currículo na faculdade já cobria bastante os clássicos e os autores de línguas românicas, eu tratava de suprir as deficiências, nas horas vagas e nas férias, lendo os autores de outras culturas e os contemporâneos. Andava muito com gente mais velha, era meio a mascote do grupo e ficava com vergonha quando falavam com intimidade num escritor que eu não tinha lido. O jeito era ir atrás. Assim enfrentei Thomas Mann e Kafka, os russos (principalmente Tolstói e Dostoiévski), os americanos e ingleses. Num verão, resolvi ler todo o Proust. No verão seguinte, foi a vez de *Ulysses*, do Joyce, de quem já lera o *Retrato do artista quando jovem*, em português, publicado pela Globo. Munida de uma edição em inglês, de dicionários, da *Odisseia* e de um excelente estudo do Stuart Gilbert sobre a obra, enveredei por uma das mais fascinantes viagens literárias que já fiz. Gostei de enfrentar os "tijolões" e pulei de cabeça em Guimarães Rosa, de que só lera *Sagarana*. Achei que *Grande Sertão: veredas* era uma obra-prima absoluta, apogeu de uma criação, nunca mais ele chegaria a tal ponto. Em seguida li *Corpo de baile* e descobri que ainda gostava mais... Ou não? O melhor era desistir de concursos e competições e ficar com todos.

Nesse início dos anos 1960, o Brasil fervia. Brasília começava, discutiam-se as reformas de base, a criação comia solta na arquitetura, na música da bossa-nova, no cinema novo, no Teatro de Arena, nas artes plásticas, na imprensa que se multiplicava em suplementos e revistas de cultura, na publicação de livros, nas atividades do CPC (Centro Popular de Cultura) da UNE (União Nacional dos Estudantes). Era uma festa!

Impossível aceitar que a maior parte da população brasileira estava condenada a ficar de fora, por não saber ler.

A esta altura, meu amigo Roberto Pontual estava trabalhando no Ministério da Educação, dirigindo um setor que cuidava da alfabetização de adultos. Estudávamos o método Paulo Freire, preparávamos material e, num trabalho voluntário, fui alfabetizar operários da construção civil numa obra em Copacabana.

Quando veio o golpe do primeiro de abril de 1964, não foi preciso esperar muito: na semana seguinte, os jornais pediam a cabeça de Roberto, considerado perigoso subversivo por querer dividir com os outros a leitura e a escrita que encantavam nossas vidas. Minha primeira atividade clandestina foi tratar de escondê-lo e, depois, ficar de ponte entre ele e o mundo até que, meses depois, achamos que a barra tinha aliviado. Engano: Roberto saiu do esconderijo e foi preso. Paralelamente, o garoto que eu namorava e era vice-presidente do diretório acadêmico da faculdade teve também que se esconder e seguir para a Polônia, num longuíssimo exílio. Se ainda havia qualquer dúvida, ficou evidente – acabara a brincadeira.

Em dezembro de 1964, na minha formatura, não houve solenidade. O orador era procurado pela polícia e estava escondido, o paraninfo (Alceu Amoroso Lima) foi proibido de falar. A turma foi dividida em catorze grupos, com horários diferentes para ir à secretaria requerer o diploma. Meu querido mestre compareceu nos catorze horários e fez o mesmo discurso catorze vezes, só para os presentes, sem solenidade nenhuma. Era mais uma aula que nos dava – a brincadeira tinha que continuar.

E a palavra tinha que ser mantida viva, porque incomodava muito aos ditadores e só através de sua ação multiplicada seria possível um dia convencer os indiferentes, para que todos, juntos, exigíssemos a volta da democracia e do estado de direito – com anistia, eleições diretas e uma nova Constituição. Mas esse processo ainda levaria décadas.

Com uma turma de alunos, em 1963.

A palavra chama

Desde que, adulto, comecei a escrever romances, tem-me animado até hoje a ideia de que o menos que um escritor pode fazer, numa época de atrocidades e injustiças como a nossa, é acender a sua lâmpada, fazer luz sobre a realidade de seu mundo, evitando que sobre ele caia a escuridão, propícia aos ladrões, aos assassinos e aos tiranos. Sim, segurar a lâmpada, a despeito da náusea e do horror. Se não tivermos uma lâmpada elétrica, acendamos o nosso toco de vela ou, em último caso, risquemos fósforos repetidamente, como um sinal de que não desertamos nosso posto.

(*Solo de clarineta*, Erico Verissimo.)

De repente, tudo ficou mais sério. Em dois anos, eu estava trabalhando muito, terminando o mestrado e me preparando para ir para a Espanha numa bolsa de estudos. Aí conheci um médico paulista chamado Álvaro Machado, me apaixonei pra valer, desisti da bolsa e do Rio, casei e fui para São Paulo. Sempre no pêndulo entre o magistério e o jornalismo, durante os dois anos paulistanos (1966 e 1967) em que gestei e amamentei o Rodrigo, dei aulas de inglês no Colégio Rio Branco, escrevi artigos para a revista *Realidade* e a *Enciclopédia Bloch*. E descobri que traduzir era uma atividade que me encantava: permitia que eu fosse dona do meu tempo e do meu ritmo de trabalho, ao mesmo tempo que me fazia mergulhar na linguagem como um grande laboratório de criação. Traduzi, nessa época, livros de teatro e manuais de sociologia, além de alguns romances de Saul Bellow. Além disso, continuava pintando e comecei a fotografar.

Aproveitei muito bem os dois presentes que ganhei quando nasceu meu primeiro filho: Álvaro me deu uma câmera fotográfica, meu pai me deu uma máquina de escrever portátil. Como se, ao chegar aquele que passava a ser o homem mais importante de minha vida, os dois que até então haviam ocupado esse lugar se dessem conta de que imagem e palavra eram indispensáveis à nova mulher que estava se esboçando e ao caminho que ela queria abrir no mundo.

Esse período em que passei de Martins a Machado acabou ainda trazendo outro grande presente a minha vida – minha cunhada Ruth, que de Machado passara a Rocha. Mais velha de nove irmãos, eu sempre quisera ter uma irmã mais velha. Com Ruth, realizei o sonho, iniciando uma amizade fraterna, cúmplice e solidária que já vai para mais de cinquenta anos, cada vez mais forte, acima e além de qualquer ligação familiar (que, aliás, deixaria oficialmente de existir em 1975, quando Álvaro e eu nos separamos). Grandes leitores, numa família de apaixonados pelos livros, ela e Eduardo trouxeram sua ótima biblioteca para um fecundo intercâmbio com a minha.

Aos livros somamos uma vibração comum com o que ia acontecendo culturalmente, que acompanhávamos com entusiasmo na primeira fila. Depois do Teatro Opinião, no Rio, e do Zicartola, onde Nara Leão promovera o encontro do grande público com o samba tradicional, agora era a vez de São Paulo, do Tuca e do Teatro Oficina aos festivais da Record. Com programas diários (e ao vivo) de música, a televisão abria as portas para a MPB e o *rock* brasileiro. E ao nosso amado acervo de *jazz* e bossa-nova, somávamos os Beatles e a Jovem Guarda, e mais Elis Regina, Chico Buarque, Edu Lobo, Caetano, Gal, Gil, Bethânia, os Mutantes, os maestros Diogo Pacheco e Rogério Duprat. Cantamos junto com todos eles, choramos juntas a morte de Che Guevara.

Em 1968, um curso de pós-graduação do Álvaro nos trouxe de volta ao Rio, para onde meus ex-professores da

Faculdade não cansavam de me chamar. Fui dar aulas de português e literatura em colégios (Princesa Isabel e Santo Inácio) e no Curso Alfa (de preparação para o Itamarati).

Aproveitando o desmembramento da velha Faculdade de Filosofia onde eu me formara, seguido pela criação de escolas e institutos independentes, fui trabalhar na Escola de Comunicação (dirigida pelo professor Lisboa) e na Faculdade de Letras. Naquela, juntei minha formação em artes plásticas com a de letras e lecionei Análise da Linguagem Cinematográfica, bem como outra disciplina de nome inacreditável que retrata o ridículo burocrático da universidade brasileira. Tratava da relação entre palavra e imagem na comunicação. Mas se falasse em *palavra, verbal* ou algo assim, teria que ser lecionada na Faculdade de Letras, e se mencionasse algo como *imagem* ou *visual*, teria que ir para Belas-Artes. Por isso, recebeu a pecha de Comunicação Fabular e Comunicação Icônica, nome que me enchia de vergonha cada vez que eu devia declarar qual era minha cadeira. Ai, Brasil burocrático, quanta estupidez se comete em teu nome!...

Já na Faculdade de Letras, fui trabalhar como auxiliar do poeta Augusto Meyer, dando Teoria Literária, e com Afrânio Coutinho, em Literatura Brasileira. A equipe de Afrânio era maravilhosa – além dos assistentes mais experientes e mais calejados, reunia uma turma inquieta na qual me inseri como um peixe n'água, e que, além de entrosadíssima com o tropicalismo nascente no cinema, na música, no teatro e nas artes plásticas, fazia questão de estudar muito e correr atrás de tudo quanto era informação nova que chegava em teoria. Tínhamos um grupo de estudos formado por Heloísa Buarque de Holanda, Clara Alvim e eu, e semanalmente nos reuníamos para esmiuçar o *Mimesis*, do Auerbach, enquanto paralelamente, com Ivo Barbieri e outros, íamos fundo no estruturalismo e na semiologia, mergulhávamos até onde podíamos na filosofia e na psicanálise.

Ao mesmo tempo, estávamos envolvidos até as orelhas na resistência à ditadura, na sucessão de reuniões, manifestos, artigos e passeatas que marcou 1968, o ano que não terminou, como frisou meu amigo Zuenir Ventura. Mas ano que culminou em dezembro com o Ato Institucional nº 5, o golpe dentro do golpe, o recrudescimento da ditadura, que fechou o Congresso, acabou com *habeas corpus* e liberdade de cátedra, instituiu a censura, consolidou a tortura e prendeu, exilou e "desapareceu" com os oponentes.

Muito preocupada em evitar que a seriedade do estudo virasse uma forma de intelectualismo que nos afastasse da realidade, propus então (e ministrei, contra todas as objeções e preconceitos contra esse "baixar de nível") um curso na cadeira de Literatura Brasileira que foi uma das coisas de que mais me orgulho em meu currículo universitário – Seleção e Análise de Textos para o Ensino Secundário.

Descobri então que nossos alunos na faculdade podiam estar sendo informados de muita teoria e lendo alguns livros básicos escolhidos, mas em pouco tempo seriam professores do ginásio e do 2º grau e não tinham condições de trabalhar com seus alunos sobre obras cuja escolha fosse fruto de uma opção consciente, baseada na comparação com outros livros, e levando em conta as condições reais do momento e os interesses de cada turma. Além disso, mesmo que dessem com uma obra adequada e rica em vários elementos, nem sabiam por onde começar seu trabalho. Muitas vezes, os futuros professores eram capazes de destacar num texto semantemas, significantes e sintagmas ou de fazer gráficos estruturais fantásticos, cheios de setas contrapondo adjuvantes e oponentes, mas não conseguiam situar a obra em sua época, valorizar a originalidade de um estilo ou filiar o livro a uma linhagem cultural.

Lutáramos muito pela abertura de vagas na universidade. E mal ela começava, eu constatava na prática a injustiça de uma sociedade que me dera tantas chances de ler na vida enquanto negava esse direito à maioria da população. E compreendia que, sem leitura, essa multiplicação de vagas não significava democratização de oportunidades, mas se limitava a ser, na maioria das vezes, uma aparente melhora estatística a ser usada na propaganda oficial. Os novos ocupantes desses bancos escolares corriam o risco de virar apenas repetidores de fórmulas feitas por outros, sem embasamento para formular um pensamento crítico próprio e inventivo. Por mais que, muitas vezes, intuíssem o que deveriam negar, não tinham meios para propor algo consistente que substituísse aquilo que sentiam que deviam rejeitar.

Em sua grande maioria, os alunos tinham lido muito pouco – não conviveram com Monteiro Lobato ou Jorge Amado na infância e adolescência, achavam Machado de Assis intransponível, não tinham nenhuma condição de, quando saíssem da faculdade, acompanhar a literatura viva que se faz no Brasil, tão rica, e ter uma visão crítica que distinguisse com segurança, por exemplo, Dalton Trevisan de José Mauro de Vasconcelos ou Caio Fernando Abreu de Paulo Coelho. Mas em nossa sala de aula, quando líamos *O burrinho pedrês*, de Guimarães Rosa, ou um soneto de Vinicius de Moraes, não era raro que o choque do belo, no insubstituível encontro direto com a literatura, desse nó na garganta ou enchesse d'água os olhos. Resolvi transformar a experiência desse curso semestral num projeto duradouro.

Não foi possível. O segundo semestre de 1969 fora particularmente difícil. A situação política pesou ainda mais. Fui presa. Tive colegas, amigos e alunos presos. Descobri policiais infiltrados entre os alunos. Quando o ano acabou, eu estava desmontando minha casa, vendendo tudo o que podia (do carro às panelas) e fazendo malas para deixar o país.

Mas as questões de língua e literatura levantadas dentro de mim nesse período iriam me marcar de forma indelével.

A primeira insiste em afirmar que a clareza de conceitos não deve se esconder atrás da obscuridade dos termos. Nada obriga a que a exatidão de uma análise se expresse por meio de um jargão intransponível. Quando isso acontece, é preocupante. Pode ser sinal de que o intelectual vira as costas à democratização do debate e à popularização do conhecimento, preferindo se dirigir apenas ao reduzido grupo que compreende suas palavras, escolhendo falar somente com seus colegas, e deixando de fora a maior parte da população.

Sobretudo na universidade ou no governo em suas diversas instâncias (ou em campanhas que a eles pretendem chegar), sustentados por dinheiro público, ao equívoco político dessa atitude se soma a ameaça de um desvio moral – usa-se o dinheiro do contribuinte para mantê-lo afastado e humilhá-lo com uma linguagem difícil. Dessa forma, garante-se que o homem comum não entenda nada e fique sem condições de julgar os sabichões. Ao mesmo tempo, reconhecer isso não significa baratear o pensamento, nem obrigá-lo a ficar só no exterior das coisas. Ou reduzir tudo a uma conversa superficial, cheia de *slogans*, chavões e clichês.

Muitas vezes, para analisar bem uma situação teórica, é preciso distinguir sutilmente categorias muito nítidas, que têm uma nomenclatura própria, feita de termos que são difíceis e complicados para quem está fora da área. Essas distinções são enriquecedoras e úteis para apreciar pequenas variantes, aprofundar uma análise e fazer o raciocínio avançar. Um especialista não deve abrir mão do rigor e da exatidão dos conceitos quando está examinando o assunto que estuda. Mas se quiser falar com o público, é bom traduzir isso tudo numa linguagem mais simples de se compreender. Quem não conseguir, que fale apenas dentro das paredes de sua igrejinha – e por conta própria. Deve haver equilíbrio entre o rigor científico de um sistema de pensamento e o ato generoso de compartir o saber com os semelhantes. As descobertas e invenções mentais de alguém não podem ser negadas ao resto da humanidade por uma nomenclatura hermética a serviço de vaidades que tornem intransponível a distância entre quem sabe e quem não sabe. Em minha opinião, pelo menos.

Outra questão de linguagem que me surgiu nessa época, e na qual continuo pensando muito e sempre, já tinha sido levantada pelos modernistas, principalmente por Mário de Andrade. É a da língua brasileira. Falamos português, sim, mas o português do Brasil, cada vez mais doce, mais colorido, mais rico do que o que herdamos. Por que, ao escrever, teríamos que renegá-lo em nome de uma falsa correção gramatical imposta autoritariamente? Quero a língua brasileira, com sua flexibilidade, sua variedade, seu ritmo e sua dança, sua ginga inventiva, seu jogo de cintura, sua irreverência. Mas, ao mesmo tempo, sei que essas características a mantêm viva, viçosa, jovem e dinâmica apenas porque se exercitam em cima de um esqueleto forte que a sustenta e não permite que despenque e se disperse em incontáveis experiências individuais desagregadoras.

Quer dizer, aquilo que se chama de "norma culta", o conjunto de regras lógicas da gramática, comum a todos os que falam a língua, fixado ao longo do tempo na obra dos escritores e nos documentos, é importantíssimo para a comunicação. Sem essa obediência a uma estrutura de sustentação o edifício do idioma não fica em pé e ninguém se entende. Se cada um resolver falar ou escrever como quiser, vai acabar falando só para si mesmo. Todo o processo de comunicação repousa no uso de um código comum, e isso pressupõe que as pessoas que querem se comunicar concordem com um repertório comum, a ser usado segundo regras que todos respeitem.

Mas a linguagem não existe só para a comunicação, ela também serve para a expressão – o terreno da criação linguística. Essa área é que garante que o idioma não morre nem fica só se repetindo. É o campo das inovações, que fica por conta e risco de quem tem tanta sensibilidade para a língua que sente para onde ela quer ou pode mudar. A inovação pode vir de um artista individual com nome conhecido, ou de camadas anônimas e coletivas, do povo mesmo. Mas, mesmo nesse caso, parte de um indivíduo, um artista, mesmo que seja alguém anônimo – por exemplo, um desses tipos populares que têm uma linguagem tão pitoresca e colorida que acabam contagiando quem está em volta. E mais adiante, de repente, um autor usa aquilo num texto e fixa no papel e no tempo, com a palavra escrita. Mas essas inovações só ficam mesmo se estiverem de acordo com a índole da língua, com o jeitão de falar daquela cultura, e respeitando a tal da "norma culta", que não pode ser uma camisa de força, mas tem que permitir a comunicação entre as pessoas.

Ou seja, mais uma vez, escrever e usar a linguagem (para quem é consciente dela) deve ser uma busca de equilíbrio. No caso, entre a língua falada, mais solta, e a norma para a língua escrita. Exige uma atenção permanente e muita sensibilidade. De uma parte é preciso distinguir aquelas inovações que seguem a lógica da língua e são uma tendência do idioma no Brasil, uma criação coletiva dos usuários do português em nosso país (como a colocação dos pronomes átonos, a preferência pelo mais-que-perfeito composto, o uso do gerúndio em vez do infinitivo, a invenção vocabular antropofágica que se alimenta de culturas alheias com o maior deleite). De outra parte, há aquilo que é apenas ignorância do sentido profundo da linguagem, muitas vezes amplificada por um locutor de rádio, um cômico de televisão, uma ignorância crônica devida ao nosso amplo e vergonhoso analfabetismo, escondido atrás de pretensões de cultismo e de falsa ultracorreção (que então sapecam vírgulas entre sujeito e verbo, concordâncias com verbos impessoais, preposições em regências inexistentes, e mais um interminável elenco de barbaridades).

Em suma, trata-se de buscar uma linguagem brasileira e acessível, oralizante quando for o caso, mas ao mesmo tempo correta e exata, sem barateamento nem empobrecimento, sem medo de recorrer ao inesgotável manancial léxico e sintático que nos deixaram os autores portugueses e brasileiros de tantos séculos de uma riquíssima literatura. Um grande desafio consciente.

Com essa provocação na cabeça, embarquei num navio cargueiro para o exílio e para a imersão em línguas e culturas estrangeiras. Na bagagem, levava toda a obra de Guimarães Rosa e dois fichários cheios de anotações sobre ela – o início do trabalho para minha tese de doutorado, curso em que me inscrevera dois anos antes, logo que voltei para o Rio. Mas levava também o embrião de outro caminho: cópias de algumas histórias infantis que vinha escrevendo recentemente.

Como e por quê? Várias respostas. Obra do acaso, posso dizer. Do destino, dirá alguém. Do mercado, explicará um mais cínico ou realista. Resolva o leitor. De qualquer modo, conto a história.

Em algum ponto do ano de 1968, me ligaram de São Paulo. A Editora Abril ia fazer uma revista nova, para crianças, chamada *Recreio*. Não, não era em quadrinhos. E queriam textos de autores brasileiros.

— Desculpem, vocês estão me confundindo com Maria Clara Machado. Ela é que escreve para crianças. Não é minha parenta, não, mas eu a conheço e gosto muito dela. Querem o número do telefone?

Aí, surpresa! Era a mim mesma que procuravam.

— Mas eu? Eu sou professora universitária, trabalho com teoria literária, não entendo nada de criança.

— Por isso mesmo.

Queriam gente que nunca tivesse escrito para crianças, porque achavam que o que existia era muito tatibitate e nhe--nhe-nhém... Estavam procurando gente nova, tinham ido a algumas faculdades, conversado com os alunos, perguntado quem eram os professores que davam aulas divertidas e interessantes, contando casos e prendendo a atenção da turma. Eu tinha sido uma das escolhidas.

— Quem mais está nesse projeto?

— Bom, aí do Rio tem o Joel Rufino...

O Joel? Esse eu conhecia ligeiramente, tinha sido meu contemporâneo na Faculdade, estudara História... Ainda hesitava, quando a voz do outro lado completou:

— A Sônia mandou dizer que não vai aceitar um não. E que a Ruth já topou...

A Ruth? E a Sônia, que Sônia? Não era possível. Conferi:

— Sônia Robatto?

— Claro! Ela é que está editando a revista!

Impossível não aceitar. Na pior das hipóteses, ia ser muito divertido trabalhar com Ruth e com nossa amiga Sônia, baiana cheia de ideias, inventadeira de moda, casada com o adorável luso-paulista Caloca e dona da casa mais gostosinha e charmosa que nossos tempos *hippies* e tropicalistas conseguiam inventar, cheia de artesanatos, flores e cores.

E tratei de escrever minha primeira história, com tudo o que eu achava que um conto para crianças devia ter.

Foi sumariamente rejeitada pelo rigor de Sônia, que nunca confundiu profissionalismo com amizade. E veio junto o recado:

— Ana, por que você não joga fora essa história e faz outra? Como eu sei que você é capaz de fazer... Em vez de escrever o que você acha que deve ser, faz só o que você gosta...

Bom conselho, claro. Mas passar dele para a prática estava sendo impossível.

Foi a essa altura que Miguelzinho me salvou. Graças a minha mãe e minha avó Ritinha.

Sendo homenageada em Barueri, em 2017, pela escrita de *Menina bonita do laço de fita*.

Como uma onda no mar

Eu mesmo sou a matéria de meu livro.

(*Ensaios*, Montaigne.)

Em algum ponto de minha infância, passei em Manguinhos uma temporada diferente das que já contei aqui. Foi no meio do ano, nenhum de meus outros primos e irmãos me acompanhou. Ficamos por lá só meus avós e eu. E Miguelzinho, como se verá.

Acho que foi porque eu estava convalescente de alguma virose infantil e meus irmãos estavam com outras (de vez em quando acontecia de mamãe ter em casa algo como dois com coqueluche e três com catapora, por exemplo, o que implicava acrobacias de isolamento). O fato é que fui posta num avião e enviada sozinha para uma temporada de inverno em Manguinhos. Foi um deslumbramento! Fazia frio, o vento sul castigava e limitava a praia, mas eu não tinha concorrentes para nada. Era neta única. Meus avós eram só meus. Eu saía para andar no mato com meu avô, ajudava vovó na cozinha e na horta e era paparicada o tempo todo. Subi sozinha até o alto de uma árvore, não consegui descer, tiveram que ir me buscar quase em cima do telhado – e não ralharam comigo. Para tomar um remédio amargo, ganhei uma ninhada de quatro patinhos amarelos de penugem macia. Porque estava comendo bem e ganhando peso, meu avô me deu um filhote de pica-pau-carijó de crista vermelha, que caíra do ninho e ficava solto, grudado na minha roupa, enquanto não aprendia a voar... Tudo era maravilha. E de noite, vovó me contava as melhores histórias que ouvi na minha vida. Histórias de Miguelzinho.

Quando Sônia Robatto me desafiou a escrever para crianças, resolvi: vou resgatar aquelas histórias e contar para todo mundo.

O problema é que eu não lembrava delas. Lembrava de todas as circunstâncias em que as ouvira, mas esquecera seus enredos. Sabia que eram muitos e variados, nunca se repetiram, toda noite eram diferentes. Recordava que os personagens eram patos, galinhas, formigas e passarinhos, e que Miguelzinho entendia a língua deles e morava num lugar cheio de árvores na beira da praia. Mas não lembrava mais nada.

Resolvi consultar a memória de minha mãe. A resposta foi um sorriso, seguido de uma boa gargalhada. Ela ficou visivelmente encantada de que eu lembrasse disso mais de vinte anos depois. E me contou uma história. A bela história das histórias de Miguelzinho.

O que ela contou foi que, quando eu voltei dessa temporada em Manguinhos, só falava em Miguelzinho e nas histórias dele, queria ouvir de novo, e ela não imaginava que história seria, por mais que procurasse em sua memória da infância tudo o que a mãe lhe contara. Eu insistia, e ela não descobria. Apenas meses depois, quando fomos todos para as férias e ela consultou vovó Ritinha, é que decifrou o enigma. Vovó explicou que cada noite Miguelzinho era personagem de uma história diferente, sempre repetindo o que eu tinha vivido: Miguelzinho tomava remédio como eu, subia em árvore sem conseguir descer, ganhava patinhos, andava no mato com o avô, tinha um filhote de pica-pau, não podia demorar na praia por causa do vento sul, etc. Quer dizer, as histórias de Miguelzinho eram as histórias de mim mesma – e por isso guardaram intacto seu encantamento por tantos anos.

A revelação me deixou pensativa. Não seria possível repetir os Migueizinhos para a *Recreio*, já que cada leitor tinha sua própria experiência. Mas o meu Miguelzinho interno, feito de minhas lembranças somadas à observação de meu filho e dos amigos dele, este sim poderia ser contado. Foi o que sempre fiz, desde então. Ainda que, muitas vezes, não tivesse consciência disso na ocasião.

As histórias tiveram boa acolhida, a revista fez enorme sucesso, chegando a vender 250 mil exemplares por semana e deslanchando um importante movimento de uma literatura infantil brasileira original ainda que filha de Lobato. Durante anos, foi esperada com ansiedade nas bancas, lida com sofreguidão nas casas, copiada e recopiada nas escolas por professores que viam em suas histórias a resposta a uma carência que sentiam e ninguém ainda havia detectado: a de textos bem brasileiros com qualidades literárias, falando de questões importantes da atualidade, e que pudessem ser lidos com prazer pelas crianças e, ao mesmo tempo, que divertissem.

Em 1977, a própria Editora Abril percebeu que tinha em mãos um tesouro mal aproveitado, que se esvaía pelo ralo a cada semana. Resolveu lançar duas coleções de livros infantis a serem vendidas em bancas. *Histórias de Recreio* reuniria, por autores (Ruth, Joel e eu), os contos de maior sucesso da revista. Meus títulos foram *Severino faz chover*, *Currupaco Papaco* e *Camilão, o Comilão*, cada um incluindo quatro histórias. A outra série, *Livros de Recreio*, partia de uma encomenda de textos mais longos e de mais fôlego, para leitores um pouco mais velhos. Eu adaptei uma peça que tinha guardada na gaveta (*No país dos prequetés*, que anos mais tarde ganharia o Prêmio de Dramaturgia Infantil do Teatro Guaíra e acabaria saindo pela Nova Fronteira, como parte do livro *Hoje tem espetáculo*). Virou *Bento que bento é o frade*, meu primeiro livro infantil publicado. O primeiro para adultos tinha saído no ano anterior: *Recado do nome*, minha tese de doutorado sobre Guimarães Rosa, feita em Paris sob a orientação de Roland Barthes.

Esses primeiros livros infantis eram uma seleção de algumas das histórias que eu tinha escrito para a *Recreio* enquanto estava no exterior. Outras, que continuei escrevendo para revistas por alguns anos, foram mais tarde saindo em livros por várias editoras. Eu podia não saber, mas eram todas histórias de Miguelzinho – hoje vejo com a maior clareza. *A velha misteriosa* é um canto de amor a minha avó Ritinha e a minha tia-avó Deolinda. *Um gato no telhado* conta a história de um gatinho que acredita na capacidade de sair das dificuldades. Questionando o autoritarismo da ditadura, eu escrevia sobre Nita, uma menina que não gostava de mandação, celebrava *Beto*, o carneiro que não queria seguir a carneirada e passava por cima de diferenças raciais. Lá do meu exílio, morrendo de saudades do Brasil, lembrava do Severino em seu Nordeste sem chuva com seus brinquedos feitos à mão, suspirava por mares mais quentes e frutas tropicais com o papagaio Paco. Cada vez mais imersa na escrita, defendia a marginalidade do menino distraído ou empurrava o tatu tímido para as experiências transformadoras. E, sem cessar, tinha fé na palavra, em seu valor criador de novas situações e na importância da herança cultural (*Meu reino por um cavalo* homenageia Shakespeare de Ricardo III, *Doroteia a Centopeia* alude a Monteiro Lobato, *Quenco, o pato* tira o chapéu a Andersen e a Prokofieff).

Lutando pela sobrevivência nas condições hostis e dolorosas em que estava, mais uma vez trabalhei na imprensa (na revista *Elle* em Paris, e na BBC em Londres, além de contribuir como podia para a imprensa brasileira) e no magistério (meu mestre Celso Cunha foi dar aulas de Português e Literatura na Sorbonne e fiquei como sua assistente). Trabalhei também numa biblioteca, encarregada de pesquisas sobre a América Latina. Fiz dublagem de documentários, participei de exposições de pintura. E tratei de aproveitar a oportunidade para estudar. Matriculei-me de ouvinte no ótimo curso de Christian Metz sobre linguagem cinematográfica, borboleteei pelas aulas um tanto chatas de Greimas e Todorov. Mas sentei praça mesmo foi no reduzido grupo de vinte alunos que cercavam

Roland Barthes, cujas aulas acompanhei com dedicação e entusiasmo, cuja amizade e orientação sorvi deliciada e com quem afinal terminei minha tese. No verão de 1971, consegui, graças a Barthes, uma bolsa para um curso intensivo com Umberto Eco na Universidade de Urbino, na Itália.

Ao lado dessas atividades ia regularmente escrevendo histórias infantis que contava para meus filhos (Pedro nasceu na França, em 1971), mandava para a *Recreio* ou guardava na gaveta. Para poder alfabetizar Rodrigo em português, desenvolvera também uma série trabalhosíssima, de histórias bem brasileiras e divertidas com palavras fáceis de ler. Esses depois seriam os livros da coleção *Mico Maneco*, que ofereci à Ática em 1978, foram recusados e só vieram a sair muito depois pela Melhoramentos (hoje estão na Salamandra). Estava definitivamente viciada em escrever, nunca mais parei.

Quando voltei para o Brasil em dezembro de 1972, descobri que voltar à universidade em condições dignas demandaria um trabalho burocrático maior do que fazer outra tese. Concentrei-me na imprensa e fui para o *Jornal do Brasil* e para a Rádio Jornal do Brasil, onde chefiaria o Radiojornalismo por sete anos. Isso me deu muita tarimba do ofício de escrever, muita intimidade com uma linguagem oral e acessível. Como disse o romancista americano Ernest Hemingway, que entendia dessas coisas como poucos: "Jornalismo nunca fez mal a nenhum escritor – desde que largado a tempo".

Meu tempo de parar foi em maio de 1980, quando me recusei a demitir um terço da redação, como a direção pedia, e preferi entregar minha cabeça em troca. Mas, na verdade, eu já estava preparando essa saída havia algum tempo. Dois anos antes, em 1978 enviara um texto inédito para um concurso, sob pseudônimo. Com ele, *História meio ao contrário*, ganhei o prêmio João de Barro. Além da publicação do livro, o prêmio desencadeou uma série de telefonemas de editores, perguntando se eu não tinha outros textos. Eu tinha, gavetas cheias, já que sempre fora meio tímida e paciente nessas coisas e nunca saíra atrás de editor. Fui distribuindo e publicando, ao mesmo tempo que escrevia outros. Fui ganhando prêmios, vendendo livros, fazendo um nome. Também fui muito rejeitada, tive livros recusados, fui criticada, me torceram o nariz. Faz parte do *show*.

Em 1979, quis dar um livro a uma sobrinha que fazia anos. Bati perna por todas as livrarias de Ipanema e Copacabana e não achei um único livro infantil que me agradasse! Logo pensei: está faltando uma livraria especializada. Na semana seguinte, fui procurada por uma moça que promovia festas infantis e queria uma ajuda de divulgação na rádio. Chamava-se Maria Eugênia, borbulhava de ideias e entusiasmo e andava com vontade de abrir um negócio, talvez uma loja de brinquedos com livros, não sabia. Fizemos uma sociedade e criamos a Livraria Malasartes, à qual eu iria me dedicar por dezessete anos, até sair em março de 1996.

Como se vê, eu já vinha preparando minha saída da rádio, quando ela finalmente aconteceu em 1980. E pude me dedicar inteiramente aos livros. Aos meus, escrevendo e reescrevendo. Aos dos outros, vendendo na livraria. E promovendo a leitura em geral, por toda parte, numa intensa atividade em uma sucessão de júris, artigos e palestras que me tem levado aos mais diversos lugares do Brasil e do mundo, sempre dedicada àquele primeiro impulso que, ainda na faculdade, me fez alfabetizar adultos – garantir o acesso à literatura ao maior número possível de pessoas, lutar para que seja respeitado o direito ao livro, que todo cidadão deve ter.

Toda essa atividade pública, no entanto, não me afasta da escrita. Estou sempre escrevendo, traduzindo, trabalhando em um texto. Para isso, foi indispensável criar condições de autonomia e independência. Principalmente, em termos econômicos. Virgínia Woolf tem toda razão em dizer que não se pode escrever se não se tiver um quarto todo seu, em que seja possível não ser interrompida. Ou, pelo menos, como é meu caso, um cantinho no próprio quarto ou na varanda

– mas absolutamente respeitado, até mesmo porque toda a família sabe que estou trabalhando e sou paga por isso. Além disso, posso ter vida própria, mesmo estando casada, porque há mais de quarenta anos tenho em Lourenço um companheiro que sabe o que eu valho, como eu sei quanto ele é precioso. Adoramos estar juntos e dividir tudo, mas prezamos muito nossa independência mútua e detestamos a ideia de que um possa virar prisão do outro, impedi-lo de crescer. Impossível conseguir escrever algo que preste ao lado de um marido tradicional, daqueles que pretendem reduzir a mulher a uma governanta sem ideias próprias. Além disso, como ele é músico, conhece de dentro as exigências de disciplina que a atividade artística traz, o respeito e a integridade que ela exige. Aprendo muito nesse convívio, e devo muito (inclusive algumas lágrimas e chateações) ao rigor impiedoso de sua crítica na primeira leitura de meus originais. Como devo muito às críticas de meus filhos (principalmente Luísa). Mas sempre depois que o texto está pronto, porque nada é tão esterilizante quanto o olhar por cima do ombro enquanto se está escrevendo. E o que faz essa crítica deles ser eficiente é que é carinhosa e não é competitiva. Não quer me derrubar, mas me defender. Jamais quer escrever meu texto no meu lugar e nunca sugere soluções ou alternativas, embora seja implacável em apontar problemas cuja solução fica por minha conta encontrar.

Quando escrevo, salvo uma ou outra exceção, não me preocupo com a faixa etária do leitor. Já me aconteceu muitas vezes de pensar que estou escrevendo para adultos, e no fim o editor concluir que é para crianças. Ou de achar que fiz uma história infantil e acabar constatando que é um capítulo de um romance (o passeio da menina com o avô, no final de *Tropical sol da liberdade*, é um exemplo). Mas o impulso para escrever é o mesmo, não depende de idade, não tenho preferências. Talvez seja mais difícil escrever para crianças, por uma exigência maior de atenção ao vocabulário (que não pode se encher de termos abstratos ou se aprofundar em termos técnicos específicos) e por uma necessidade de contar com um raio de esperança, que nem sempre está presente dentro da gente. Por outro lado, para adultos é mais trabalhoso, as estruturas são mais complexas, polifônicas, sinfônicas. Mas, como para crianças é mais uma linha melódica, fica impossível disfarçar com harmonias rebuscadas – quando não se sustenta fica evidente e o leitor simplesmente abandona o livro.

Às vezes parece que, ao longo da vida, escrevi mais para crianças, porque são muito mais títulos nessa vertente. Mas sei que não é verdade. Os chamados livros infantis para mim são apenas livros *também* para crianças que, ao serem lidos por adultos, têm outros sentidos que o pequeno leitor não pode ainda perceber. Assim, não só os limites são tênues, mas, além disso, os livros para adultos têm muito mais páginas e fica difícil saber o que seria "escrever mais" para um ou outro. Como não tive na obra para adultos o mesmo estímulo inicial que me deram nas histórias infantis (grande vendagem, dinheiro para sobreviver, prêmios), levei mais tempo para ter coragem de deixar os romances virem a público, embora estivesse escrevendo o primeiro, *Alice e Ulisses*, desde 1978, quando fui "descoberta" no terreno infantil.

Mas, sobretudo a partir de *Tropical sol da liberdade* e *Canteiros de Saturno* (que, pessoalmente, acho que talvez seja o melhor livro que escrevi), fui descobrindo que o maior estímulo e prêmio de um escritor é de outro tipo. É o leitor que se manifesta para um diálogo inteligente, a leitora que se sente tão tocada pelo texto, que escreve uma carta para uma autora que nunca viu e a manda para a editora. É para ele (ou ela) que eu escrevo, não importa sua idade, não importa que na hora de escrever eu nem esteja sabendo disso e creia que só estou me dirigindo a mim mesma. Depois de pronto e publicado, acabo vendo que não é. Só o leitor completa o processo da escrita, estabelecendo pontes entre seres humanos, vínculos entre consciências. Sem leitor não há livro. Com leitor, o mundo todo se enriquece e se transforma numa oportunidade de leitura para todos, autores e leitores.

À medida que o tempo passa e vou amadurecendo e entendendo melhor todo esse processo, constato que escrever, para mim, se liga a dois impulsos. O primeiro é uma tentativa de fixar uma experiência passageira e, assim, viver a vida com mais intensidade, apreender nela aspectos que me passavam despercebidos, compreender seu sentido. O outro é a vontade de compartir, de oferecer aos outros essa visão e essa compreensão, para que de alguma forma isso fique, para que minha passagem pelo mundo – ainda que efêmera – não seja inútil. Na trajetória da escrita à leitura, a palavra se multiplica e se reproduz, fecundante de criação compartilhada.

Nesse sentido, a palavra escrita é muito generosa, porque não há limites para seu alcance. Todo mundo no planeta, de alguma maneira, participa da criação, por meio dos mais diferentes caminhos. Mas creio que aqueles que têm condições de criar por meio da escrita têm que ser muito humildes diante de suas obrigações para com ela, e não devem confundir seu alcance com coisas passageiras como fama ou sucesso. Pode ser muito gostoso para a vaidade individual ficar dando entrevistas ou indo a colégios, encontrando alunos e professores que celebram a presença física do autor, e carinhosamente lhe fazem festa. Mas nesse momento o escritor está deixando de lado sua forma específica de criação recolhida e solitária – a escrita – e tentando se apropriar de outra, que não é sua – a aparição pública ou o magistério. Não sendo ator nem apresentador nem professor, forçosamente não estará em seu campo próprio, e estará egoisticamente trocando nesse momento os infinitos leitores que poderia atingir se estivesse escrevendo por algumas dezenas de afetuosos rostos sorridentes em meia dúzia de salas de aula. Só para se sentir celebrado, ou por distorções comerciais de promoção de livros. Como leitora, adoro saber que um poeta meu amado, como Drummond, por exemplo, saía de casa apenas para mergulhar na vida ou ficava no escritório trabalhando em poemas que nos iluminam e aquecem, mas não se aventurava a desperdiçar o curtíssimo tempo de nossa existência humana em atividades dispersivas que o afastassem da sua forma de criação. Sei que nem sempre é fácil dizer não, ou conseguir que as pessoas compreendam. E, pessoalmente, por toda uma atitude democrática em favor do maior acesso ao livro no Brasil há um lado meu, militante da leitura, que acaba se jogando na estrada. Mas procuro me disciplinar, lutar por um tempo e um espaço meus, por uma remuneração digna que me permita sobreviver como uma trabalhadora da palavra. E me dedicar à escrita. Por maiores que sejam as dificuldades.

Sou desorganizada, mas muito metódica e disciplinada quando se trata de escrever. Escrevo todos os dias, de manhã, num computador. É claro que não aproveito tudo o que escrevo. Sempre enchi mais as cestas de papel do que as gavetas. E apago impiedosamente no monitor e na memória do computador. Carrego caderninhos para todo lado. Neles faço anotações, registros e uma espécie de diário, que me faz muito bem e tem sido muito útil. Muitas dessas notas são aproveitadas depois em livros.

Como começa um livro? Não sei... Toda ação começa sempre é por uma palavra pensante, dizia o Riobaldo do *Grande sertão: veredas*. É meio por aí. Alguns de meus livros começaram com a ideia forte de um personagem que vai crescendo, outros com a sensação de uma atmosfera que exige ser fixada no papel, outros com uma situação, um problema, um conflito a ser solucionado. Muitas vezes, parto apenas de uma palavra, à qual se juntam outras.

Por exemplo, *jararaca* é uma palavra engraçada, me fez pensar em *perereca* e depois em *tiririca*, e saí escrevendo um texto onde elas se encontrassem. Se no fim deu uma história que discute as diferentes reações à tirania (luta armada, exílio ou resistência silenciosa e arraigada), foi porque essas opções andavam na minha cabeça e na minha vivência, não porque eu tivesse previamente resolvido que seria assim.

Um romance como *Tropical sol da liberdade* partiu de uma palavra que escrevi a esmo para testar o Macintosh de uma amiga, o primeiro computador em que toquei, digitando *casa*. Para ver como era a maiúscula, escrevi *A casa*. Completei a frase: "A casa era sólida e ensolarada". Vi o duplo sol aí dentro, logo soube que casa era, e porque sua solidez era fundamental. Fui emendando uma frase na outra, minha amiga saiu, me deixou escrevendo, de noite quando voltou eu tinha quatro ou cinco páginas prontas. Sempre soube que um dia teria que escrever sobre a relação entre mãe e filha, mas morria de medo de ferir minha mãe ao falar em minhas dores de filha. Nessa tarde, ficou claro que era inadiável. Levei seis anos até conseguir pingar o ponto-final. E não tinha a menor ideia de para onde estava indo, como iria acabar.

Mas isso não é surpresa. Até hoje, em todos esses anos e esses textos, só em dois casos eu comecei a escrever sabendo como ia terminar. No primeiro, *História meio ao contrário*, eu resolvi começar com "...E então eles se casaram e viveram felizes para sempre" para concluir com "Era uma vez..." Estava saindo de uma separação amorosa, sofrendo muito, e tentando entender por que a vida não pode ser como um conto de fadas. Suspeitei que, entre outras coisas, é porque nas histórias o casamento é o fim, enquanto na vida é o começo. Assim, pensei nessa estrutura invertida para a narrativa – mas não tinha a menor ideia do que iria acontecer pelo meio dessas duas frases. Achava que a protagonista seria uma princesa e não foi: logo chegou uma pastora que a empurrou para o fundo da cena. E em tudo se misturou um mito de criação que eu estava querendo revisitar, ao mergulhar em minhas próprias trevas: como nasceu a noite. Enfim, para mim o livro foi uma surpresa a cada página enquanto o escrevia.

O outro livro que eu comecei sabendo para onde ia foi o romance *Aos quatro ventos*, ao qual devo muito. Em dezembro de 1991 descobri que estava com um câncer. Em uma semana já estava operada e mutilada, me preparando para uma quimioterapia que me devastaria durante um ano. Soube então, com clareza, que, além do amor que me cercava, seria fundamental trabalhar para sobreviver. Mas tinha medo de escrever, não aguentaria mergulhar de peito aberto no buraco sem fundo da doença e do pavor da dor, bem enquanto precisava descobrir forças para sair dele. Resolvi então escrever uma história mais segura, que eu já sabia como ia acabar – uma versão contemporânea de uma lenda medieval sobre a obsessão, que eu lera e me fascinara. E como devia ser, obsessivamente, durante um ano, às vezes sem conseguir nem ficar sentada por muito tempo, escrevi sobre a obsessão da escrita. Sabendo aonde eu ia chegar e que o final seria a vitória da palavra.

Excetuando esses dois exemplos, entretanto, escrever para mim é um voo cego, não sei para onde vou nem por onde. Mas sei que vou. Posso ficar longas temporadas sem ideias aproveitáveis, mas sei que em algum ponto elas estão se acumulando, lençol d'água subterrâneo, e que um belo dia vão minar, surgir em nascente, se encorpar e se avolumar – é só ir trabalhando e deixar desobstruído um leito por onde corram. Então, na própria prática, vai tudo fluindo e se arrumando.

É como se estivesse dançando ao som de uma música que nunca ouvi antes, mas tem sua lógica interna que permite segui-la, se meu corpo estiver em forma para dançar. Ou, em comparação de menina praieira, é como se descesse numa onda: tenho que observar o bom momento, descobrir o ponto exato da arrebentação, me antecipar ao instante em que ela enche, soltar o corpo e me deixar levar, sempre atenta para corrigir o rumo se necessário e possível, mas sem querer dominar o impulso do mar. Ele é muito maior do que eu.

O segredo está em aproveitar a força que me arrasta, me fazer humilde diante dela, usar seus caprichos para prolongar o prazer da descida até a praia. E, se falhar e eu for embrulhada, não desistir – depois que passar aquele tremor barulhento que parece destruir tudo, há que voltar à tona, respirar, e nadar outra vez para o fundo, à espera de novo impulso.

Sei que peguei o embalo e estou sintonizada com o que devo, quando começa a acontecer um fenômeno que Jung chamava de "sincronicidade", como se simultaneamente a criação no mundo lá fora e a que se exerce em meu mundo interno estivessem afinadas. Algo difícil de descrever, mas nítido. Tento dar um exemplo. Surge no texto um problema que não consigo resolver. Paro e presto atenção ao que me cerca. Leio o mundo. A resposta sempre vem, numa cena a que assisto, num trecho que leio, num caso que me contam, num pássaro que passa voando. Por exemplo, em *Aos quatro ventos*, eu inventara um anel mágico, com propriedades físicas improváveis que estavam muito bem lá na lenda medieval, mas não poderiam ser transpostas sem adaptações para o mundo contemporâneo. Quando eu já tinha passado do meio do romance, e ia precisar arranjar uma explicação, li no jornal que os japoneses tinham descoberto uma tecnologia especial para ligas metálicas que permitia programar nelas uma memória – justamente o que eu estava precisando!

Outra vez, dei uma certa empacada em um livro sobre uma adolescente chamada Cris, que não sabia para onde ia. Como eu não estava gostando da estrutura, interrompi por uns dias para pintar. Em Manguinhos, diante de canoas, quis pintar uma traineira maior, lembrei de umas fotos que tinha tirado anos antes num estaleiro em outra praia. Fui olhar, o nome do barco era Cristóvão Colombo. Lembrei então que o incluíra e cortara em *Tropical sol da liberdade*, por achar que não combinava com esse romance fazer um adolescente dialogar com um barco. Enquanto pensava, o som ligado, alguém pôs um disco velho do Caetano cantando

"Um navegante atrevido...". Não havia dúvidas, era um ovo de Colombo, Cris e Cristóvão combinavam! Agora, sim, era a vez dele. Colombo entrou no livro e mudou tudo. Os exemplos são inúmeros, daria para encher um livro inteiro só contando. Não sei explicar o mecanismo. Só sei é que quase sempre acontece e isso me dá certeza de que estou no caminho certo, participando de alguma criação maior que se exerce também na natureza nesse instante e da qual sou apenas humilde reflexo e instrumento.

Todo esse processo me fascina. No romance *Canteiros de Saturno*, para mim uma história sobre o tempo e as relações entre as pessoas, eu quis falar sobre a amizade, algo muito especial e que me toca muito. Entre amigos e amigas, uma personagem, Isadora, fazia uma tese sobre a criação literária. Com ela fui levada a pensar e a pesquisar sobre esse processo, mergulhar em entrevistas e depoimentos de escritores sobre o assunto, meditar reverentemente sobre o material recolhido. Mas não encontrei respostas definitivas. Continua sendo um enigma e um deslumbramento, como a própria vida. Participar desse mistério ainda me emociona e surpreende. Não mereço tanto. Só queria ficar mais simples e um dia poder escrever como passarinho que abre o bico e canta. Música do mundo natural.

Se o que escrevo tem valor, não sou eu que o tenho:
O valor está ali, nos meus versos.
Tudo isso é absolutamente independente de minha vontade.

(Alberto Caeiro.)

Com filhos e netos, em 2009.

Outras obras da autora

Ensaio

Recado do nome: Imago, 1976;
Nova Fronteira, 2003;
Companhia das Letras, 2013.

*

Contracorrente: Ática, 1997.

*

Texturas: Nova Fronteira, 2001.

*

*Como e por que ler os clássicos
universais desde cedo*:
Objetiva, 2002.

*

Ilhas no tempo: Nova Fronteira, 2004.

*

*Romântico, sedutor e anarquista:
como e por que ler Jorge Amado*: Objetiva, 2006;
Companhia das Letras, 2014.

*

Balaio: Livros e leituras:
Nova Fronteira, 2007.

*

Silenciosa algazarra:
Companhia das Letras, 2011.

*

Uma rede de casas encantadas:
Moderna, 2012.

*

Ponto de fuga: Companhia das Letras, 2016.

*

Caro professor: Global, 2016.

Ficção

Alice e Ulisses: Nova Fronteira, 1983; Alfaguara, 2010.

*

Tropical sol da liberdade:
Nova Fronteira, 1988; Alfaguara, 2012.

*

Canteiros de Saturno: Francisco Alves, 1991;
Nova Fronteira, 1998; Alfaguara, 2012.

*

Aos quatro ventos: Nova Fronteira, 1993;
Alfaguara, 2013.

*

O mar nunca transborda:
Nova Fronteira, 1995; Alfaguara, 2013.

*

A audácia desta mulher:
Nova Fronteira, 1999; Alfaguara, 2011.

*

Para sempre: Record, 2001; Alfaguara, 2011.

*

Palavra de honra: Nova Fronteira, 2005: Alfaguara, 2013.

*

Infâmia: Editora Alfaguara, 2010.

*

Um mapa todo seu: Editora Alfaguara, 2015.

*

Vestígios (contos): Editora Alfaguara, 2021.

Literatura infantojuvenil

Bento que bento é o frade: Abril, 1977; Salamandra.

*

Camilão, o comilão: Abril, 1977; Salamandra.

*

Currupaco papaco: Abril, 1977; Salamandra.

Severino faz chover (contos): Salamandra, 1993.

*

História meio ao contrário: Ática, 1979.

*

O menino Pedro e seu boi voador: Paz e Terra, 1979; Ática.

*

Raul da ferrugem azul: Salamandra, 1979.

*

A grande aventura da Maria Fumaça:
Rocco, 1980; Salamandra.

*

Balas, bombons, caramelos:
Paz e Terra, 1980; Moderna, 1998.

*

O elefantinho malcriado: Paz e Terra, 1980; Moderna, 1998.

*

Bem do seu tamanho: EBAL, 1980; Salamandra.

*

Do outro lado tem segredos: Paz e Terra, 1980;
Nova Fronteira, 1985; Objetiva.

*

Era uma vez, três: Berlendis, 1980.

*

O gato do mato e o cachorro do morro: Ática, 1980.

*

O Natal de Manuel: *Paz e Terra*, 1980;
Nova Fronteira, 1985; Global.

*

Série Conte Outra Vez
(*O domador de monstros*; *Uma boa cantoria*;
Ah, Cambaxirra, se eu pudesse...; *O barbeiro e o coronel*;
Pimenta no cocuruto): EBAL, 1981; Salamandra, 1991; FTD.

*

De olho nas penas: Salamandra, 1981.

*

Palavras, palavrinhas, palavrões: Codecri, 1981;
Quinteto, 1986; FTD.

História de jabuti sabido com macaco metido:
Codecri 1981; Nova Fronteira, 2001; Companhia das Letras.

*

Bisa Bia, Bisa Bel: Salamandra, 1982.

*

Era uma vez um tirano: Salamandra, 1982.

*

O elfo e a sereia: Melhoramentos, 1982;
Ediouro, 1996; Global.

*

Um avião e uma viola: Melhoramentos, 1982; Formato.

*

Hoje tem espetáculo: Nova Fronteira, 1983; Objetiva.

*

Série Mico Maneco (*Cabe na mala*; *Mico maneco*;
Tatu bobo; *Menino Poti*; *Uma gota de mágica*;
Pena de pato e de tico-tico; *Fome danada*; *Boladas e amigos*;
O tesouro a raposa; *O barraco do carrapato*;
O rato roeu a roupa; *Uma arara e sete papagaios*;
A zabumba do quati; *Banho sem chuva*;
O palhaço espalhafato; *No imenso mar azul*;
Um dragão no piquenique; *Troca-troca*;
Surpresa na sombra; *Com prazer e alegria*):
Melhoramentos, 1983-88; Salamandra.

*

Passarinho me contou: Nova Fronteira, 1983; Global.

*

Praga de unicórnio (novo título: *Um montão de unicórnios*):
Nova Fronteira, 1983; Global.

*

Alguns medos e seus segredos: Nova Fronteira, 1984; Global.

*

Gente, bicho, planta: o mundo me encanta:
Nova Fronteira, 1984; Global.

*

Mandingas da ilha quilomba (novo título: *O mistério
da ilha*): Nova Fronteira, 1984; Ática.

O menino que espiava pra dentro:
Nova Fronteira, 1984; Global.

*

A jararaca, a perereca e a tiririca:
Cultrix, 1985; Quinteto, 1993;
Nova Fronteira, 1998; Companhia das Letras.

*

O pavão do abre e fecha:
Cultrix, 1985; Melhoramentos, 1991; Ática.

*

Quem perde ganha: Nova Fronteira, 1985; Global.

*

A velhinha maluquete:
Livro Técnico, 1986; Salamandra.

*

Menina bonita do laço de fita: Melhoramentos, 1986; Ática.

*

O canto da praça: Salamandra, 1986; Ática.

*

A peleja: Berlendis, 1986.

*

Série Filhote (*Lugar nenhum*(*); *Brincadeira de sombra*;
Eu era um dragão; *Maré baixa, maré alta*):
Globo, 1987-1994; Global (os três últimos);
Salamandra (*) novo título: *Dia de chuva*.

*

Coleção Barquinho de Papel
(*A galinha que criava um ratinho*; *Besouro e prata*;
A arara e o guaraná; *Avental que o vento leva*;
Ai, quem me dera...; *Maria Sapeba*; *Um dia desses*):
Globo, 1987; Ática.

*

Uma vontade louca: Nova Fronteira, 1990; Ática.

*

Mistérios do mar oceano: Nova Fronteira, 1992; Global.

*

Na praia e no luar, tartaruga quer o mar: Ática, 1992.

Vira-vira (novo título: *O jogo do vira-vira*):
Quinteto, 1992; Formato.

*

Série Adivinhe Só (*O que é?*;
Manos malucos I e II; *Piadinhas infames*):
Melhoramentos, 1993; Salamandra.

*

Dedo mindinho: Livro Técnico, 1993; Moderna.

*

Um Natal que não termina: Salamandra, 1993.

*

Um herói fanfarrão e sua mãe bem valente: Ática, 1994.

*

O gato massamê e aquilo que ele vê: Ática, 1994.

*

Exploration into Latin America: Belitha Press, 1994.

*

Isso ninguém me tira: Ática, 1994.

*

O touro da língua de ouro: Ática, 1995.

*

Uma noite sem igual: Ediouro, 1995; FTD.

*

Gente como a gente (novo título: *Gente bem diferente*):
Ediouro, 1996; Quinteto/FTD.

*

Beijos mágicos: FTD, 1996.

*

Os dois gêmeos: Ática, 1996.

*

De fora da arca: Salamandra, 1996; Ática.

*

Série Lê pra Mim (*Cachinhos de ouro*; *Dona baratinha*;
A festa no céu; *Os três porquinhos*; *O veado e a onça*;
João Bobo): FTD, 1996.

*

Amigos secretos: Ática, 1997.

Tudo ao mesmo tempo agora: Ática, 1997.

*

Ponto a Ponto: Berlendis, 1998.

*

Os anjos pintores: Berlendis, 1998.

*

O segredo da oncinha: Moderna, 1998.

*

Melusina, a dama dos mil prodígios: Ática, 1998.

*

Amigo é comigo: Moderna, 1999.

*

Fiz voar o meu chapéu: Formato, 1999.

*

Mas que festa!: Nova Fronteira, 1999; Alfaguara.

*

A maravilhosa ponte do meu irmão:
Nova Fronteira, 2000; Alfaguara.

*

O menino que virou escritor:
José Olympio, 2001; Tribos, 2017.

*

Do outro mundo: Ática, 2002.

*

De carta em carta: Salamandra, 2002.

*

Histórias à brasileira 1 – A Moura Torta:
Companhia das Letrinhas, 2002.

*

Portinholas: Mercuryo, 2003.

*

Abrindo caminho: Ática, 2003.

*

Palmas para João Cristiano: Mercuryo, 2004; Tribos/RS.

*

Histórias à brasileira 2 – Pedro Malasartes:
Companhia das Letrinhas, 2004.

*O cavaleiro do sonho – As aventuras e desventuras
de Dom Quixote de La Mancha*: Mercuryo, 2005.

*

Procura-se lobo: Ática, 2005.

*

*Coleção Gato Escondido (Onde está meu travesseiro?;
Que lambança!; Vamos brincar de escola?;
Delícias e gostosuras)*: Salamandra, 2004.

*

O menino e o maestro: Mercuryo, 2006.

*

A princesa que escolhia:
Nova Fronteira, 2006; Alfaguara.

*

Mensagem para você: Ática, 2007.

*

Histórias à brasileira 3 – O Pavão Misterioso:
Companhia das Letrinhas, 2008.

*

A minhoca da sorte: Moderna, 2008.

*

Não se mata na mata: Lembranças de Rondon:
Mercuryo Jovem, 2008; Tribos/RS.

*

*Série 7 Mares (Odisseu e a vingança do deus do mar;
O pescador e a mãe d'água; Simbad, o marujo;
O velho do mar; Pescador de naufrágios;
A nau catarineta; Os Argonautas)*: Moderna, 2008.

*

ABC do Brasil: SM, 2009.

*

Um pra lá, outro pra cá: Moderna, 2009.

*

Histórias à brasileira 4 – A Donzela Guerreira:
Companhia das Letrinhas, 2009.

*

Curvo ou reto – Olhar secreto: Global, 2010.

Série Histórias do Mundo (*Histórias Greco-romanas; Histórias Árabes; Histórias Chinesas; Histórias Africanas; Histórias Russas; Histórias Irlandesas*): FTD, 2011-2018.

*

Quem foi que fez?: Global, 2012.

*

Serie Unidunitê (*Fim de semana; Quem sou eu?; Quando eu crescer; Um, dois, três, agora é sua vez*): Moderna, 2013.

*

Uma, duas, três princesas: Ática, 2013

*

Enquanto o dia não chega: Alfaguara, 2013.

*

De noite no bosque: Ática, 2015.

*

O mesmo sonho: Moderna, 2021.

*

A história que eu queria: Moderna, 2021.

*

Igualzinho a mim: Moderna, 2021.

Poesia

Sinais do mar: Cosac & Naify, 2009; Global.

*

Brinco de listas: Global, 2019.

*

O olhar passeia: Global, 2021.

*

Organização de Antologias
O tesouro das virtudes para crianças
(volumes I, II e III): Nova Fronteira, 1999-2002.

*

O tesouro das cantigas para crianças (volumes I e II):
Nova Fronteira, 2001-2002.

Este livro foi composto nas fontes
Degular e Utopia e impresso
em Papel Pólen Bold 90g/m^2